我们的青春

李文健 主编

中国工人出版社

序

1921年，随着嘉兴南湖一艘游船的起航，中国终于迎来了改天换地的新航向。一批又一批努力挣脱旧枷锁的青年，把深切的爱国情怀和坚韧的革命热情熔铸为对马克思主义的忠贞信仰，在阴霾障天的旧中国，努力鼓舞青春中华之运动，培植青春中华之根基，直至生命的最后一刻。他们是践行革命理想的光辉先驱，是中国梦想之旅的伟大筑路者，是用青春和生命书写爱国情怀的、永被铭记的时代先驱。

“历史是最好的教科书，中国革命史是最好的营养剂。”在新时代的长征路上，更应该“把红色资源利用好、把红色传统发扬好、把红色基因传承好”，用先进共产党人的精神振奋起当代中国的精气神，凝聚起中华儿女的信仰之伟力，为书写中国特色社会主义的新篇章提供强有力的精神支撑。

“让信仰之火熊熊不息，让红色基因融入血脉，让红色精神激发力量。”这是习近平总书记一再强调的，“中华民族从站起来、富起来到强起来，经历了多少坎坷，创造了多少奇迹，要让后代牢记，我们要不忘初心，永远不可迷失了方向和道路。”只有传承红色文化，铭记红色精神，坚守党的理想和信念，才能为中国特色社会主义建设注入不竭的精神动力。

新闻出版行业一直以来承担了历史文化和精神文明传承的重要责任。党的十九大的召开为舆论宣传工作指明了新方位、新坐标、新维度，要求新闻出版和舆论宣传工作者进一步认清目标所在、责任所在、担当所在。在面向广大人民群众的宣传工作中，要始终坚持以习近平总书记新时代中国特色社会主义思想为指导，做好新时代宣传思想文化工作，坚持正确的政治方向、宣传导向、价值取向。

《我们的青春》是以1938年出版的《抗大动态》为线索支撑，通过广泛的收集资料来讲述中国抗日军政大学学生的学习生活、革命事迹、爱国情怀等多方面内容，展现他们如何在党中央的直接领导下和艰苦的学习环境中丰富自身科学知识，提升自身军事能力，塑造崇高政治理念和奉献国家、奉献人民、奉献革命的“大我”精神。

本书作为发扬革命文化和革命精神的普及读物，力求用通俗易懂的语言讲述先烈们用尸骨铺就的革命血路，深入挖掘老一辈共产党员为国家、为民族而谋的探索、献身精神。同时站在时代的前沿，紧扣当今发展的主题，继续培育和发扬新的革命精神，激励我们不忘初心继续前行。

本书不仅仅是一种缅怀，更是一种传承。青年是祖国的未来和希望，中华民族伟大复兴需要年青一代继续奋斗，本书也意在培植一片教育的园地，让新时代的青少年了解革命时期英雄先烈艰苦奋斗的革命生活与奉献祖国的民族精神，慎终追远，照亮伟大事业继续前行之路。

“秀水泱泱，红船依旧；时代变迁，精神永恒。”“捐躯赴国难”的英雄是永不能遗忘的，他们矢志不渝的救国强国之志理应成为和当代青年血脉相通的精神和信仰。愿本书可以架起历史和现实之间的一座桥梁，成为革命精神和时代梦想的连接点，激荡起和平年代的赤子之心和报国之志，用最浓烈、最深重的爱国情怀托起中华民族伟大复兴的中国梦，“从小船一直划到巨轮上，驶向光辉的彼岸”。

编　者

2019 年 7 月 1 日

目录

1938 年前后中国革命的大背景

“延安的城门成天开着，成天有从各个方向走过来的青年，背着行李，燃烧着希望，走进这城门。学习，歌唱，过着紧张快活的日子。”这是诗人何其芳诗中描写的场景，是抗战初期“红色首都”延安城的真实写照，更是数万青年知识分子奔赴延安、抗战救国的爱国之心的体现。

“九·一八”事变后，国民党消极抗战，对外不抵抗，对内不理会民众抗日呼声、封锁追杀共产党，对日政策经历了从绝对不抵抗、寄望于国联调停、有限抵抗、部分抵抗到下决心抗战的过程。1937 年 7 月 7 日，抗日战争全面爆发，国民党的消极抗战态度使得抗日正面战场遭到日军的重大打击，丧失了大量国土，人民的生命财产损失惨重。青年知识分子对国民党及蒋介石的思想态度也从满怀希望、稍有不满，到开始失望、彻底反抗直至投靠中国共产党。

自长征结束到达陕北后，中国共产党反思知识分子在抗战中的作用和地位，汲取党的历史上因歧视、排斥知识分子导致革命事业严重受挫的深刻教训，及时调整了知识分子政策。1937 年 10 月，毛泽东在《目前抗战形势与党的任务报告提纲》中写道：“目前干部的恐慌，加强对干部的教育、培养与提拔，‘干部决定一切’。”①

在中华民族生死存亡之际，中共高举抗日救国的旗帜，制定了“干部教育第一”的政策，有计划地培养了大批抗战急需的人才。1938 年 10 月，毛泽东在

① 毛泽东选集：第 2 卷 [M]. 北京：人民出版社，1991.

中共六届六中全会扩大会议上强调："政治路线确定之后，干部就是决定的因素。因此有计划地培养大批新干部，就是我们的战斗任务。"[①]1939 年 12 月，中共中央发出《大量吸收知识分子的决定》，要求各地区和军队要大量吸收知识分子。同时，中央要求全国各地党组织和八路军办事处，要像与敌人争夺国土那样，竭尽全力、源源不断地向延安吸收和输送革命青年，以储备人才。时任中共中央组织部部长的陈云提出要"广招天下士，诚纳四海人"，要形成尊重知识、尊重知识分子的氛围。

在中国共产党的号召下，"到延安去！"这一口号被视为投身抗日救国事业的信号，在青年知识分子中响彻云霄。"割掉我肉还有筋，打断骨头还有心。只要我还有口气，爬也爬到延安城。"爱国青年们激情宣誓。梁漱溟描述通往延安的路："车是军用大卡车，无篷。路是军用公路，而自西安往北，越走越高，缺乏桥梁涵洞，车行危险而且费事。"印度援华医疗队队长爱德华目睹行进在蜿蜒山路上向延安进发的青年队伍时，由衷地赞叹道："奇迹，奇迹，这简直就是奇迹！这是 20 世纪中国的耶路撒冷！"

抗日战争初期，大批来自美国等西方国家的进步记者和友好人士到访陕甘宁边区和延安。他们秉持人类正义，坚决反对法西斯侵略，对日本帝国主义的战争罪行给予强烈谴责，对中国人民的抗日救亡事业寄予满腔同情和大力支持。埃德加·斯诺、安娜·路易斯·斯特朗、史沫特莱等人经过实地走访考察而创作的作品如《西行漫记》《中国的战歌》《伟大的道路》等，客观公正地向国内外介绍了苏维埃政权的运作模式、中国人民真实的生存状态、中国的抗战情况、国共两党的抗战态度及领导组织能力等内容，使海内外的知识分子了解到中国抗日战争的真实状况，通过这些报道传达出来的中国共产党主要领导人的人格魅力和品质风骨更赢得了广大青年知识分子的拥戴，激发出了他们对"红色圣地"延安的强烈向往。

此外，左翼工作者的进步书籍在这一时期为青年知识分子打开了认识中国共产党、认识马列主义在中国的发展状况、认识中国民主革命真实进程、认识人类社会阶级斗争的大门，鲁迅的杂文、艾思奇的《大众哲学》、陈唯实的《通

① 毛泽东选集：第 2 卷 [M]. 北京：人民出版社，1991.

俗辩证法讲话》等在广大青年知识分子中受到热烈追捧。

大批文化界进步人士和全国各地被战火赶出学校的爱国青年奔赴延安，肩负着培养抗战干部人才重任的抗日军政大学、陕北公学、鲁迅艺术学院、中国女子大学、安吴堡青训班、民族学院等吸纳青年知识分子的抗战学校，在中国大西北应运而生。

关于抗日战争初期奔赴延安的青年知识分子的具体数量，目前并没有一个准确数字。据任弼时 1943 年 12 月在中共中央书记处工作会议上的发言，抗战后到延安的知识分子总共 4 万余人，就文化程度而言，70% 为中学以上水平，还有少部分大学生。[①] 抗战初期赴延安的青年知识分子家庭成分涵盖了官僚、地主、工人、农民、知识分子、商人、旧军人、海外华侨等社会各阶层和职业，[②] 其中很多是家境殷实、有着海外教育背景的青年知识分子。

以延安为中心的陕甘宁边区是当时全国民主政治建设的典范。优待知识分子，政治上实行代议制民主，推行“三三制”改革；经济上开始大生产运动，号召党员干部群众自力更生；文化教育上兴办学校，大力普及教育。1940 年，毛泽东在《团结一切抗日力量，反对反共顽固派》的讲演中讲道：陕甘宁边区是全国最进步的地方，这里是民主的抗日根据地。这里一没有贪官污吏，二没有土豪劣绅，三没有赌博，四没有娼妓，五没有小老婆，六没有叫花子，七没有结党营私之徒，八没有萎靡不振之风，九没有人吃摩擦饭，十没有人发国难财。这“十个没有”，与腐朽、黑暗的国统区、沦陷区形成了鲜明的对比，成为爱国青年向往的新型社会。

---

① 胡乔木．胡乔木回忆毛泽东 [M]．北京：人民出版社，1994：279．
② 杨军红．抗战初期青年知识分子赴延安研究 [D]．中共中央党校，2015．

抗大的创立

“抗大”全称为中国人民抗日军事政治大学，是由中国共产党领导的最高军事学府，于1936年6月1日正式成立，1945年抗日战争结束后随即完成使命。抗大诞生于炮火纷飞的年代，是中国历史时期伟大的产物，在抗日战争中担负着培养新干部的任务，[①]与此同时还承担着培养各地爱国青年的使命。它所在的驻地就是有着革命理想的青年的圣地，吸引着大批有志青年来此学习，经过数月的培养，向各地战场输送一批又一批具有军事政治知识、德才兼备的将士。这使得抗大不仅在我国教育史上具有重要的意义，更对中华民族取得抗日战争的胜利发挥着巨大的作用。

抗大是中国共产党多年军事教育经验的结晶，也是军事教育的最高成果。中国共产党早在1927年就创建了第一个工农红军教导队。随着红军队伍不断发展壮大，各地的红军大多创办了随营学校来培养干部和战士。除了随营学校还有教导队、红军大学、红军通信学校以及卫生学校等。这些学校早在抗大创立之前就为红军队伍不断输送着军事将领及专业技术人才，而这些学校的办学经验也为抗大的建立和发展奠定了坚实的基础。

抗大的前身是中国红军学校，该校于1931年由中共中央在江西瑞金创办，并于同年11月招收第一期学员，该校创办至第三期时更名为“中国工农红军学校”，简称“红校”。1933年该校举办6期后扩编为“中国工农红军大学”，1934

① 《抗大动态》，第1页。

年随红军长征。1935 年中央红军长征抵达陕北后，为迎接抗日民族解放战争的到来，中共中央及时作出了“大规模培养干部”的战略决策，并于 1936 年 6 月在瓦窑堡创建了中国人民抗日红军大学。[①]1937 年，中国人民抗日红军大学随中共中央迁至延安，并正式更名为中国人民抗日军事政治大学。

抗大是在炮火中诞生的，抗大的创立与发展和中华民族抗日战争的历史进程紧密相关。1931 年“九・一八”事变后，日军迅速占领了东三省，国民党采取不抵抗政策使日军加快了侵略中国的步伐，中国人民生活在一片水深火热之中。加之蒋介石所奉行的“攘外必先安内”政策，中国共产党不断遭到国民党的围剿和迫害，爱国青年报国无门，整个中华民族面临最危险的时刻。然而危险使人警醒、催人奋进，中共中央于 1935 年在瓦窑堡召开政治局会议，会议分析了当前国内的形势，讨论了抗日民族统一战线等问题，并制定了抗日民族统一战线的政策方针。中共中央号召全国人民奋起抗日，拯救中华民族于生死存亡，不论党派、信仰、阶级，只要是反对日本帝国主义和蒋介石，就应该联合起来。根据当时的紧迫形势和即将面临的抗日民族革命战争的新任务，中共中央适时提出“必须大量地培养干部。党要有成千上万的新干部，一批又一批地送到各方面的战线去”。[②]1936 年，中共中央经会议讨论，决定在瓦窑堡创办中国人民抗日红军大学。

1936 年 6 月 1 日，抗大开学典礼正式在瓦窑堡举行，毛泽东作了重要讲话，他指出：中国人民抗日红军大学的创办是为了迎接即将到来的抗日战争，是为了适应新形势、培养训练干部。红军大学要继承第一次大革命时黄埔军校的精神，完成黄埔军校没有完成的事业，在全民族抗日战争中培养人才，为中华民族的解放事业输送新鲜血液和力量。

抗大创办时，红军主力正在西征，瓦窑堡没有足够的军事力量，国民党趁机攻击，中共中央无力坚守遂决定撤出瓦窑堡，将驻地迁往保安县，抗大随之迁往。保安县物资匮乏，人烟稀少，导致抗大办学条件极为艰苦。当时不仅办学物资短缺，连学生的宿舍、上课的教室都成了问题。在艰苦的条件下，学生

---

① 《中国人民抗日军事政治大学史》，国防大学出版社 2000 年版，第 2 页。
② 《六大以来》(上)，人民出版社 1980 年版，第 745 页。

和教员们将破旧的窑洞打扫修整，大的窑洞成了教室，小的窑洞成了宿舍。许多学员放弃了原本舒适的生活，来到抗大，抓住全面抗战来临前的机会，努力学习，发扬了艰苦朴素、乐观向上的革命精神。

1936 年 12 月“西安事变”和平解决后，国共 10 年内战基本结束，抗大随中共中央迁至延安，国民党方面也放松了对共产党的打击和封锁。这时中共中央决定扩大抗大的招生范围，向全国各地发布抗大的招生广告，号召凡有志献身民族解放事业，具有高小以上文化程度，身体强健，无不良嗜好、暗疾的热血青年投考抗大。[①]1937 年初，大批爱国青年从全国各地涌向延安，这些年轻人中不仅有流亡的学生、爱国侨胞，甚至还有国民党将领的亲属。这些青年离开了家乡，怀抱着爱国之情和救国之志来到延安，来到抗大，和志同道合的人一起学习，探索拯救国家危亡的方法，谋求国家生存的道路。

面对全国范围内紧迫的抗战形势，大规模培养储备有军事技能、政治理论的青年势在必行。此时抗大担负的不仅是培养干部的使命，更承担了教育革命青年的任务，在这种情况下，1937 年 1 月 19 日，中共中央决定将“中国人民抗日红军大学”更名为“中国人民抗日军事政治大学”。抗大的建立直接加强了中共中央同各地青年的联系，进一步扩大了抗大和中国共产党在全国的影响力，这也促使更多的青年来到抗大，使烽火中的抗大“越抗越大”。

抗大成立后，毛泽东将抗大的校训定为“团结、紧张、活泼、严肃”，将学校的教育方针定为“坚定不移的政治方向、艰苦奋斗的工作作风、机动灵活的战略战术”，这使得抗大的学生不仅学习了军事政治理论知识，还培养了良好的作风。严明的纪律以及艰苦的生活更磨炼了学员的意志品质，他们不怕艰苦、不怕牺牲，抗日救国的热情让他们风雨无阻，面对困难不动摇，面对敌人不退缩，这种精神不仅鼓舞着千千万万的青年，也激励着全国人民奋起抗日。抗大的一切正是中国共产党为挽救民族危亡所作出的努力的一个缩影。

为了应对抗战形势发展的需要，抗大先后迁至山西省蟠龙镇、河北省浆水镇办学，并在各根据地建立了多所分校。抗大作为“革命的熔炉”，抗大总校连续举办了 8 期，在九年多的时间里培养了 10 万多名军事政治干部。抗大的学员

① 《中国人民抗日军事政治大学史》，国防大学出版社 2000 年版，第 27 页。

有参加过土地革命的老战士，有各抗日根据地的干部和士兵，还有来自全国各地的爱国青年。他们从四面八方来，在抗大学习马列著作、毛泽东论著、中国历史，学习哲学、政治经济学，还学习游击战、抗日民族统一战线等内容。他们边学习，边实践，毕业后又奔向全国各地，有的走向抗战的前线，有的留在抗大为新的学员传授知识，他们在学习和实践中被历练为中华民族解放事业的骨干。

这里的教育是抗战的教育，也是生活的、科学的教育，政治、军事、学习这三种东西在抗大是联系在一起的，这是一种综合的教育。[①]抗大作为当时先进思想、先进文化的中心地，其教学成果无疑是富有成效的。它所培养的革命战士壮大了人民军队的队伍，为中华民族解放战争补充了新鲜血液，为夺取抗日战争和解放战争的胜利奠定了坚实的基础。抗大的旗帜就是中华民族解放的旗帜，正如抗大校歌的歌词所写的那样：

像黄河之水汹涌澎湃，
把日寇驱逐于国土之东，
向着新社会前进前进！
我们是抗日者的先锋！

① 《抗大动态》，第 4 页。

女性·抗大新女性群像

寸山寸血，无畏青春

陕西北部的延安在20世纪40年代成为中国革命的重要阵地。很多有志有识青年不远万里来到这里，并试图在这实现自己忧国救国的理想和情怀，在这些人中，不乏一些巾帼女英雄。这些青春靓丽的女青年成了当时延安革命队伍里最引人瞩目的一道风景线。这些女青年大多数有着固执叛逆的性格，她们背叛和逃离自己的家庭，甚至背叛自己所在的阶级，奋力投身到革命的队伍里。军事化的生活带给她们的是自由和飒爽的体魄，她们不再是充满粉黛胭脂气的中产阶级小姐。对大家族的叛逆，对革命队伍的向往，这是一代女青年的人生选择。在奔向革命队伍的知识女青年身上，表现得尤其突出。

她们有的曾经是小姐或太太，但她们无限向往的是人人平等的理想社会。在军事化的革命队伍里，生活自给自足，精神清洁，她们加入后无不感到欢欣鼓舞，意气风发，觉得已经进入了一个新世界。

1936年6月中国人民抗日红军大学创办之初，女学员比较少，而且大部分是经历过万里征途的女战士，比如康克清、李贞等人。1937年1月，为了满足抗日形势发展的需要，中央军委和毛泽东决定，将中国人民抗日红军大学更名，以中国人民抗日军事政治大学为校名，在延安开始第二期办学，自此抗大办学进入一个新阶段。从这一期开始，大量青年学生进入抗大学习，他们编为第四大队，其中女生区队共有59人，大多为来自各地的青年学生。

抗大的女同学怀揣着一颗救国救民的心而来，自然是想着上前方去冲锋陷

抗战时期根据地的女兵

阵的。刚经过短暂的训练，这些女学员就按捺不住冲向前线的心。1939 年夏，抗大办到第五期时，党中央考虑到抗大总校即将分批深入敌后办学，要通过层层封锁线，但因为女同志行动不便，最终决定将她们大部分留在延安，以女生队为基础，成立女子大学；部分同学则分配到卫生、通信学校去。但是女学生纷纷跑到政治部要求到敌后去；有的还上书毛泽东要求批准她们上前线杀敌。党中央为了满足她们的要求，由抗大领导挑选一部分身体比较好的女学员随校部挺进敌后，并破例批准 12 名女学员到参谋训练班学习。在残酷的对敌斗争中，这些女同志迅速成长为能文能武的军政干部。

延安女子大学成立于 1939 年 7 月，据统计，成立时学员近 500 人，大多为小资产阶级的知识分子，也有极少数的工人、农妇和家庭妇女，其中知识分子占绝大多数，工人和农民位居其次。文化水平以中学教育程度为主，也有 10% 的学生达到了大学程度。最大的 41 岁（1 人），最小的 14 岁（2 人），大部分的年龄在 20 岁左右。她们来自全国各地的 21 个省份，以河南、四川、江苏、湖北为最多，广西、云南、贵州等为最少。值得一提的是，还有一个台湾人。

延安女子大学的学员主要是从中国人民抗日军政大学（抗大）、陕北公学（陕公）女生队和陕甘宁边区政府主办的妇女培训班抽调归并，或公开招生而来，在延安革命女青年中具有普遍的代表性。延安女子大学在那个时代是中国妇女寻求解放、争取女权的象征，可惜女大只存在了两年时间。

为了“学好本领，好上前线去”，抗大女生要认真学习毛泽东的《抗日游击

抗大女学员正在纺织棉纱

战争的战略问题》《论持久战》等军事著作，同时学习《游击战术》和班、排、连战斗指挥等军事知识，领会机动灵活的战略战术原则和指挥艺术。党中央领导也会经常给女生队做演讲、上课。她们如饥似渴地学习，包括社会发展史、政治经济学、哲学、中国革命问题等马克思主义基础理论知识；同时，还要学习怎么做群众工作和研讨妇女解放问题。在军事生活方面，她们也如男同学一样严谨、一丝不苟，形成了抗大女生特有的雷厉风行的战斗作风。同男同学一样，女生们每天也如常出操、站岗以及打靶、投弹等。参加战斗演习时，她们也会在山地上摸爬滚打，一身虎气。羞涩原本是少女至真至纯、情窦初开的天然姿态。但在抗大，甚至于在其他很多有志女青年的心中，羞涩已经是无用之品行，很多投身于革命的女青年丢下羞涩，将革命精神充斥满腔。军事学习将她们从肉体到精神都全副武装起来，锤炼成革命这架机器上的齿轮和螺丝钉。严格的军事训练和战斗生活，使抗大女生们褪去了原本的娇弱和散漫，个个都成了骁勇善战的女斗士。

孙铮，被称为“宰相府走出的大小姐”。抗战爆发后，她积极参加抗日救亡运动。叔父听闻后怒不可遏，她甚至不惜登报声明解除被监护关系。她参加中共地下党组织的“读书会”和“安徽省抗敌后援会各县流动工作队”，1943 年 7 月辗转到达延安。她毅然说道：“大家庭有什么留恋的，连自我批评都没有！我不能要这些金银财宝！我要坚决走抗日的路！”

1904 年 10 月 12 日，丁玲在湖南常德的外婆家出生。四岁那年，父亲因病

抗大女学员在窑洞外欢笑交谈

去世。尚且年轻的丁玲母亲有着超乎当时其他女性的开放思想，在听闻舅舅要在老家办学校时，毅然决然回乡帮助办学，这样便给了丁玲更多的学习机会。丁玲在其母亲的影响下发奋读书教书，广结女友，她们的心愿是男女平等，用教育救国。丁玲敢想敢闯，甚至在母亲的影响下，决心去大城市上海拼搏，另外也是为了摆脱封建包办婚姻的束缚。在离家打拼中到来的1922年，是丁玲生命中具有转折性的一年。从此丁玲踏上了革命的道路。

萧红是革命作家，1936年6月15日，萧红作为最初发起人之一，与鲁迅、茅盾、巴金、以群等67位作家联合签名发表《中国文艺工作者宣言》，反对内战，号召爱国文艺工作者发挥进步作用，创作优秀作品，积极行动起来，为祖国解放、民族独立而斗争。在中国现代文学史上，萧红是继鲁迅之后的又一位伟大的平民作家。

1937年7月全面抗战爆发，此时刚好是抗大第三期招生。这时，成千上万的革命青年，其中包括不少女青年，纷纷投入抗日救亡运动中，她们怀着“天下兴亡，匹夫有责”的豪情壮志，奔向革命圣地延安。她们之中，有参加过“一二·九”运动的平津宁沪学生，也有从东北流亡到关内的知识青年；有不堪忍受压迫的工人，也有名门望族的闺秀、出身豪富人家的小姐，甚至还有反动军阀的女战士。有些已经在社会上立足的女教师、记者，甚至著名的演员等也奔赴前来。霎时间，涌现了许多同学相约、姐妹相约、夫妻相约共奔延安的感人情景。浙江上虞县的女学生傅涯，就是带着弟弟妹妹辗转千余里走进抗大的。

抗战时期，抗日军政大学女生大队的女战士大量涌现出来，她们中有骑兵、侦察兵、通信兵、机枪手、医务兵等多种兵种。正如项英在《我们的女战士》一文中讲的：“我们的女同志，在生活上，她们完全军队化了，同部队的战士一样，都受过政治教育和军事锻炼。我们全部工作人员，都要下操，上军事课，学习野外战斗动作，女同志照样参加，在这方面，女同志与男同志没有什么区别。多数女同志已能初步了解军事基本知识与动作，会使用步枪。目前，她们除工作外，正继续学习与军事有关的一切必要技能与知识。”

对于投奔延安的青年，特别是女青年，党中央十分关怀、爱护。抗大创办初期，女学员都是单独组成区队、女生队，编入各大队建制的。1938年11月，党中央决定在抗大单独成立女生大队，即第八大队，共600多人，选派能文能武的张琴秋任大队长。张琴秋曾在上海大学学习，后来又到莫斯科中山大学学习过，回国后经历了长征，是红四方面军的政治部主任。女生大队成立那天，毛泽东、贺龙、徐特立、谢觉哉等三十几位中央领导同志都亲自到会祝贺。在讲话中，毛泽东指出：“我们全民族所有的人，不分男女老少都受帝国主义和封建势力的压迫，其中我们妇女同胞所受的压迫尤甚；我们反对一切对妇女的压迫，尤其是仇恨日本帝国主义对于妇女的侮辱。我们抗日，不仅是为求民族平等，而且要在抗日战争中求得中国妇女的地位平等。”他还说，“妇女要得到解放，必须积极抗日，必须依靠妇女自己努力争取权利”。刚从前线回来的八路军第一二〇师师长贺龙也激励女青年学员：“历史上有不少女英雄，你们今天是学生，明天也可以成为惊人事业的创造者。”

抗大女生在学习上发扬了我军“艰苦奋斗、英勇抗战”的优良传统和优质精神，甚至在反“扫荡”和反摩擦斗争中，所展现的英勇和顽强也并不比男同学逊色。1940年，学校在太行山区的几次反“扫荡”斗争中，女同学天天需要翻山越岭，跨过冰河，行军七八十里，有的情况下甚至日急行军一百多里，十分艰苦。一天夜里，队伍翻过一座大山，突然遇到瓢泼大雨。山洪冲刷着泥沙从山上直泻而下。女生连为摆脱敌人的追击，顶着雨水，踩着湿滑的山路往山上攀登。泥水的浸泡使她们身上的背包越来越重，前进的脚步越发艰辛。尽管这样，在队干部和共产党员的带动下，抗大女生连竟无一人掉队。

抗大要求在校学员要树立起“宁为玉碎，不为瓦全”的大无畏精神。原来抗大女生队的某个排长，在受伤后不幸被俘，日军妄图使用威逼利诱的手段使其屈服，但是她发扬了抗大的伟大精神绝不屈服，敌人最后恼羞成怒，竟然把她作为活靶子，射死于太原。临刑前，她仍高呼“打倒日本帝国主义”，最终英勇殉国。

⊙ 韩露

光影交叠，红色岁月

红色青春、红色岁月，红色是那个年代的主色调，在轰轰烈烈的抗战时期，有这么一群人，她们的生活本应是在闺中待嫁，以少女的思绪去幻想未来，但是在面对国家危难之际，她们毅然投入抗日救亡运动，怀揣“天下兴亡，匹夫有责”的豪情，纷纷奔赴革命根据地延安，她们就是抗日红军女战士，她们也被称为延安新女性。1937 年 7 月，全面抗战爆发，这时抗日军政大学刚好开始第三期招生，成千上万的革命青年加入，其中包括不少女青年。在 1938 年，党中央决定在抗大单独成立女生大队，即第八大队，共 600 多人，她们虽为女子，但在队伍中，却从未表现过女子的娇弱，男子怎么干，她们就怎么干。正如毛泽东同志说过的：“抗日救国”四个大字是相同的，不分男女！

锤炼熔炉之中，涅槃展翅

抗日军政大学是一所为中国共产党培养军事和政治干部的学校，学习是生活中的绝大部分，女生队在抗大学习到的第一课就是艰苦奋斗的精神。她们住在窑洞中、吃在窑洞中，广场和山沟则是她们的课堂，抬米、帮厨、背柴都由自己来。魏维钧曾在抗大第七分校女生队学习，她讲述道：6 月开学，第一件事就是自己建造校舍，我们要修整好旧房子和破窑洞，还要修围墙、厕所、猪圈、鸡舍，还得派人到山沟里去抬水、驮水、背水、背粮、背柴，还要自己开荒生产、种粮种菜，还要做棉衣，纺线捻毛线，等等。她们中有些人过去是洋学生或者闺阁中的小姐，但在抗大，她们就是女战士。过去的她们肩不能挑、手不能提，锄头举不了几下便再抬不起手，到了抗大后，她们起初也是挖不了几镢头就一身汗水，两手起血泡；有的气喘腿软，头晕恶心，像得了场大病。但几天之后，她们就被锻炼了出来，就像是凤凰涅槃一样，重生为延安新女性、中国的女战士，最终她们本着艰苦朴素的信念，完成了组织布置的每一项任务。

文化学习上，党中央同志经常来为她们上课，毛泽东同志就是如此，为她们讲解中国革命问题和马克思主义基础理论知识等，从 1937 年 5 月到 8 月，毛主席在抗大教授《辩证唯物论》，累计授课达 110 多个课时。“理论知识是为了上前线”是当时女生队里每位女战士的理想，所以她们认真学习着毛泽东的《抗日游击战争的战略问题》《论持久战》等军事著作，同时学习《游击战术》和班、排、连战斗指挥等军事知识，时刻准备着奔赴前线。

铿锵玫瑰，风雨中绽放

理论与实践结合是抗大学习的思想，学习理论知识也是为了上前线，所以女生队一边学习理论知识，一边展开军事训练，她们严格遵守军事安排，训练出了雷厉风行的军事风气。在抗大，娇柔女子做不得，她们和男同学一样出操、站岗、打靶、投弹、紧急集合、急行军；参加战斗演练时，她们一样在坚硬的土地上摸爬滚打，充满硬气。严格的军事训练和战斗生活，褪去了她们身上的娇弱习气和散漫作风，最终使她们成长为纪律严明的战士。

1943 年冬季，轰轰烈烈的大练兵运动开始了。她们中的多数没有受过系统训练，要从头开始，进行列队训练，单兵至班制式训练、技术训练等。尽管冬季气候很冷，但是同学们互相帮助、争赶先进，练兵场上气氛团结、紧张、严肃、活泼，在我们现今看来辛苦万分的生活，她们却是享受其中、乐在其中。自古以来，女子皆以娇柔、柔美等形态现于世人眼中，但是在抗大，娇柔就是她们的弱点，她们必须将自己武装起来，披上坚硬的铠甲，这样才能保护自己、保护国家，她们就像是带着刺的玫瑰，在风雨中朵朵盛开，正如魏维钧所说：我们这些青年学生，在革命熔炉里锻炼成长，树立了为革命奋斗一生的理想，这也成为激励我们不断前进的精神力量。这是一段永远值得我珍惜、难忘的革命

1942 年 延安抗大女生队

岁月。

不断强化的军事训练下，坚定的革命意志和气节品质也被不断强调，“誓死不做卖国贼”成为女战士们内心铭记的精神。一位女同学被日寇逮捕后绝不招供，被敌人用大石磙子碾死也绝不屈服。这样的气节是革命者的根，虽生而为女子，但是绝不能抛弃民族气节，在爱国救国面前，没有男女之分！

刚柔并济，文武兼具

陕北的小米饭是抗大学员的主要食物，但小米饭食来坚硬无比，女生队中的多数女学员来自南方地区，自小便惯于食用白米，小米饭对她们而言就像是沙子一样难以下咽，但是时间一长，也就习惯了，而且还喜欢上了吃小米饭，偶尔从炊事班长那儿得到一块小米锅巴，还将其称为饼干。有些体质较弱的同学，到延安吃了小米、杂粮后，身体也硬实起来了，脸上呈现出健康的红色。她们高兴地写信告诉父母：“延安小米养人，把我养胖了，养结实了。”过去所具有的娇气在抗大都转化为了英气，她们就像是一位位英姿飒爽的女战士一样，在革命的前线奉献自己的一份力。

但即便在抗战时期，纵是可上得战场的女子，也会有女子生来便具有的温婉。1943 年 9 月，组织给女生队布置了新的任务，完成 2800 多套棉服的赶制工作，同学们一致响应，并决定展开比赛，保证每个排都有 35 人参加缝制，每人至少完成 20—25 套。还建立巡视、登记和检查制度，按规定时间完成任务。

1940年5月罗瑞卿在山西省武乡县为抗大女生队干部拍摄的合影

缝制棉衣需要毛线，但没有捻线砣，有的人选个圆土豆，切成两半，用半个土豆插上一根带钩的小细棍，就能很好地捻出毛线。有人从小河沟找到合适的石头，磨成小石盘，中间穿个孔，找来带钩的细木棍，底下固定，就制成了捻线砣。最后用捻出的毛线，制成毛手套469副、毛袜810双。

谁说女子不如男

在抗大，女子与男子一样性情坚硬，她们个性好强，从不示弱，男子能干的，她们一样能干。1939年起，国民党顽固派封锁了边区，物资开始极度匮乏，逐渐吃穿都成了问题，党中央号召“自己动手，丰衣足食”，全校师生立即动员起来，上山开荒。女学员尽管体力不如男学员，但她们不甘示弱。要是进度慢了，她们夜里借着月光去干，或者起个大早，补上头天没干完的活。第二天检查，竟走在男生队前头。在大生产运动中，有些女同学学会了纺纱、捻毛线；有些女同学和泥、脱坯，学会了烧砖，原来身体孱弱的也都变得健壮了。

同时，抗大女生发扬了“艰苦奋斗”的优良品质，在频繁的与敌人周旋斗争中，同男同学表现得一样顽强，男同学怎么做，女同学也从未示弱。1940年，总校在太行山区的反“扫荡”斗争中，女生连十分艰苦，需要翻山越岭，跨沟壑，涉冰河，甚至急行军一百多里。在抗战时期，女生也是战士，再苦再累，只要是为了国家的未来，女生连里的同学们从未抱怨过，即使夜行百里，即使背负满是泥沙的背包，即使背后是追捕的敌人，她们也从不轻言放弃，在救国重任面前，女子从未比男子差到哪里！

当年《新华日报》曾发表文章，描绘女同学发扬革命精神的情景：

> 一群赤足露臂的女战士，就挤满在东门外的小河里，一时水声、歌声、笑声，飘荡在南风拂面的原野上。你听，她们唱："我们要把在奴隶境界里斗争着的战士们的血污洗尽……"

"不爱红妆爱军装"，抗大女同学们用自己的青春完美地阐释了这句话，她们的红色青春与国家的红色岁月融合在一起。就如陈慕华、郝治平等指出的，在抗日战争以及后来的解放战争期间，抗大的女同学在党政军群等各条战线上，都发挥了重要作用，谁说女子不如男！

⊙ 吴璇

只问深情，无问西东

毛泽东在抗大女生队开学典礼上说，“如果中华民族不能得到解放，妇女也得不到解放；中国革命如果没有半数的女同胞积极参加，也就不能成功”。而战火中的抗大也未能避开这个人类永恒的话题——爱情，在枪林弹雨中依旧开出朵朵美丽的并蒂莲花。

千里寻夫

1937 年，罗高前往北京考大学，此时“七七事变”爆发。古老的北京城外枪炮声四起，在这种情况下罗高只好返回老家，接着就在父母的包办下结了婚。有一天，他看到《新华日报》刊登的抗大招生消息开始动心，就和几个进步青年出发去了延安。几年之后，家庭发生变故，妻子拎着包袱，穿过重重封锁线，用忠贞和毅力，演绎出一段感人至深的千里寻夫的故事……

故事主人公罗高的妻子叫段佰涛，以前叫段经武。俩人本是听从了父母之命，媒妁之言，就这么订婚了。其实早在他们四五岁的时候，双方父母就给订了娃娃亲。后来罗高上了师范，而段佰涛在南阳还是个中学生。等到“七七事变”后，罗高回到家的时候已经二十一二岁了，段佰涛此时还在南阳女中上学，但在双方家人的支持下，俩人还是结婚了。结婚后大概又过了三个月，罗高就为了一股信念，凭着一腔热血到延安投奔了八路军。

而在罗高离开后，家庭重担全落在了段佰涛一人身上。随后不久家里又发生了一连串的不幸。罗高母亲很早就离世了，而在罗高参军不久后，父亲又不幸摔下马，伤重而亡。罗高父亲这一走，整个家就等于是家破人亡了。孤苦伶仃的段佰涛只能投靠罗高。当时罗高身在胶东，跟段佰涛一直有着书信联系，因此，心中有着方向的段佰涛朝着胶东踏上了寻夫之路。

段佰涛从河南出发，千里寻夫，长途跋涉，面对的危险可想而知，随时都有可能会付出生命的代价。那个时候，段佰涛首先要经过国民党的统治区，然后要经过敌占区、日本鬼子统治区，然后才能到解放区。敌占区是日本鬼子和伪军统治的，经过这些地方到了青岛，再到了莱阳，而莱阳也是敌占区，出了莱阳以后，城外才是八路军的游击队。

不知道经历了多少胆战心惊，段佰涛到了游击区，正好碰见了八路军的游击队，游击队就对她盘查，问到了要找的人叫“罗高”。幸运的是，那个游击队队长是抗大毕业的，正是罗高的学生。而这个游击队队长正是中央军委原副主席迟浩田上将，他对当年根据地传颂的这个南阳女子昼夜兼程，千里寻夫的情景记忆犹新。据他回忆：罗高本身就是个传奇人物，他是南阳中学的学生，在上学期间结了婚。结婚后听到共产党大本营安在陕北，高兴得不得了，就跑到了延安。老婆怀孕生了孩子，听说丈夫走了就找，当时在小报登的叫千里寻夫。她背着孩子，提着篮子，一路讨饭吃，从河南经过枫林渡到了陕西，从陕西又过黄河到了山西，到了山西听说部队走了，又到山东沂蒙山、大青山来寻找。一分校在那里突围，她到了大青山仍没有找到，又来到胶东继续寻找，后来在栖霞的陶村找到了。

段佰涛一路风餐露宿、紧追着八路军足迹的顽强精神，深深地打动了抗大所有人，罗高更是深感意外，被妻子的毅力感动，内心久久不能平静。

没有新娘的婚礼

对于从特殊年代过来的人来说，他们的爱情、婚姻都留有明显的时代印记。谢有法与贺伟的战地恋情可谓一波三折。贺伟是一个很有个性的北方女孩，在她的印象中，老红军爱骂人，最讨厌。但是最后这个最讨厌老红军的女孩，却嫁给了大她许多岁的老红军。

谢有法与贺伟在抗大留影

敌人大扫荡的时候是在1939年6月，而那时候贺伟与谢有法还不在一起。谢有法是1939年7月到的山东。到了山东以后他就负责给贺伟他们上党课，一个礼拜听一次党课，就这样谢有法和贺伟俩人认识了。贺伟一直对老红军有成见，但还是一直坚持听谢有法的课。

贺伟跟谢有法熟识起来是从宣传队调到一队，贺伟当支部书记，因为支部书记要到青年干校学习，跟组织部的人接触得比较多，经常开会，认识了几个人。后来有人跟着谢有法出过一次差，搞巡视工作。去了几个月，回来后跟贺伟谈他的感受，说了谢有法等老红军的很多优点，还指点了贺伟找对象就要找老红军这样的，而贺伟坚持婚姻问题要到抗日战争结束以后再说。但是抗日战争结束也没有和平，实际上远远没有结束，国民党又打起来了。

细心的领导看出来谢有法对贺伟产生了暗恋之情，便自告奋勇，充当红娘，将那层窗户纸给捅开了，但是他们没有料到，贺伟并不热衷这门组织出面介绍的婚事。在炮火纷飞的年代，很多抗大女学员对结婚生子都有很多顾虑。当时，许多人把孩子丢在老乡家里就走向了前线，这种印象对贺伟来说有着切肤之痛。

贺伟当时以老红军年龄太大为说辞拒绝了这门婚事，但是后来那个领导不断地跟贺伟提起谢有法，贺伟脑子里就有了个印象。经过观察，贺伟注意到谢有法的讲课态度很好，也不骂人。再加上后来组织把贺伟调到宣传队当支部书记，正好出差到胶东，从鲁中到胶东，要走到渤海，这一路要过很多封锁线。这时谢有法是领导贺伟他们的，面对这位个性倔强的女孩，谢有法改变了单刀直入的追求策略，利用出差的机会巧妙亲近，这才使贺伟渐渐向他打开了情感之门。

谢有法的母亲去世了，父亲是残疾人，还有一个哥哥，一个嫂子。此外谢有法还有一个童养媳在家里，但是他早已通过哥哥告知了童养媳，不要再等他，安心嫁人去，而贺伟是只身一人。两人就这么心心相惜地在一起了，但是贺伟坚持不公开关系，想等到抗日胜利后才结婚，这就苦了谢有法了。

终于，领导一句话，使热恋中的谢有法茅塞顿开，便大胆地采取了先斩后奏的办法，在新娘不在场的情况下，请战友们吃了喜酒。而贺伟的秘书长也加入这场“婚礼”，直接给贺伟允了假。新娘到最后才吃上了自己的“喜酒”——一碗米粉肉。这场“婚礼”因为新娘贺伟被蒙在鼓里，也就成为一场没有新娘的婚礼。

一顶军帽订终身

1947 年初夏的一天，在苏北一座大桥上出现了这样一幕：部队文工团的队伍正在过桥，忽然一阵风吹来，一个姑娘的帽子被吹到河里，恰好被特务营营长赵白芦看在眼里，记在心上，由一顶军帽演绎出的爱情故事从此拉开序幕……

赵白芦和高华两个人是在 1946 年认识的，那时候高华才 16 岁，在区文工团，是妇联的副主任，配合文工团土改搞演出。赵白芦的部队特务营刚好驻扎在了文工团所在地区进行休整，高华带着团队去慰问演出，当时演的是《减租减息》，而赵白芦就是在那个时候，看上了高华。两人于 1946 年认识，而到了 1947 年高华就去当兵了。

赵白芦是怎么知道高华到了文工团的呢？那是有一次行军过桥的时候，风一吹把高华的帽子给吹到水里去了，赵白芦的警卫员看到了，就告诉他说，首长你认识的那个女同志当兵了。结果赵白芦就跑到河里帮高华捞帽子，但也没有捞上来，他就从自己的营里找了一个帽子给高华送了过去。缘于一顶军帽的爱情故事从此便开始了。

赵白芦喜欢高华，但那时候文工团管理严格，不让女兵与外面的男人接触。赵白芦写信送不进去，那怎么办呢？他就想了个办法，通过教导员把信送给了高华。这里还有个小故事，那个时候高华什么也不懂，莫名其妙地就跟赵白芦谈上了。之后高华去演出，赵白芦正巧在演出那地方开会。高华当时演一个老婆婆，演出过程中高华听到了赵白芦的声音，差一点把台词都给忘了，后来还是演她儿媳妇的那个人打了她一下，高华才反应过来，演出才得以继续。

随着情感渐渐升温，1947年的12月28日，赵白芦和高华在苏北结婚，但当时高华18岁不到，完全不知道打了报告、盖了章就算结完婚了的流程，所以也是稀里糊涂就结了婚。

上阵作战的赵白芦在全国解放后可谓前程似锦，但让夫人高华没有料到的事却发生了，他们回了一趟老家之后，一夜之间赵白芦就被打倒了。那是在1950年的时候，因为赵白芦家里是小地主，而那时在搞土改，所以这个处分给他下得很重，撤职并开除党籍。一直到1980年他才得以平反，恢复了党籍，但职务没有恢复。在这30年里，赵白芦全身心地投入教学当中，所以之后的一些运动他都没有受影响，因为他一生清清白白。

在战火中结合的恩爱夫妻，无论遇到多大困难，都能生死相依。赵白芦对高华的爱是一种关心，更是一种尊重，他们晚年的感情仍令人羡慕。

高华要是出差，赵白芦几乎每天一个电话，还会写信。高华曾笑着谈道："就是老头子生病之前，2001年到南京去，仍是一天一个电话，大家都笑话，说你们家老头子离不开你。所以我现在想想，觉得老头子这一辈子老老实实，人长得很帅，个子也很高，很吸引人，我觉得我是很幸福的。"

⊙ 李卓凡

巾帼新驻，天涯半边

陈慕华、郝治平等人曾称赞当时的抗大女学员，“在抗日战争以及后来的解放战争期间，抗大的女同学在党政军群等各条战线上，都发挥了重要作用。在新中国成立后，就算同学们遍布五湖四海，从中央到地方，但她们在政治、经济、文教、科技、外交、军事、卫生等各个岗位上，都勤勤恳恳，努力工作，成了各行各业的骨干。在历史转折的各个紧要关头，她们也都忠贞不渝，经受住了严峻的考验”。

赵学勇也在《天地之宽与女性解放——延安女作家群述论》中写道：延安女性作家群的形成是中国新文学发展中一个突出的文化现象，也为中国新文学特别是女性文学的发展作出了不可替代的重要贡献。在女性话语方面，这个群体也起着巨大作用，其女性话语显然不是囿于“性别身份”这样狭隘的局限，而是与民族的命运紧密联结在一起，从而赋予女性书写以别样的历史感、现实感和崇高感。

子女眼中的母亲——抗大女性

程纪元笔下的母亲

“母亲宁愿绝食，也要加入抗大”，这是程纪元对母亲抗大生活的最初印象，他无法理解母亲当初如此固执的原因，但母亲说：面对日寇侵略，只有坚决抗战，才能不当亡国奴！抗大的生活条件极差，母亲初入抗大，就同大家一起挖野菜、种菜，大多时候，粮草也要靠大家去百里外的地方运输，生活处处要靠自己，但母亲从未觉得这样的生活难以忍受。冬天天气冷，坐久了手脚麻木，教员或是值日队长就让同学们站起来搓搓手、跺跺脚再坐下听课。困乏了便唱支歌，调剂一下精神。那时抗大几次转移驻地，每个学员只有一条三斤重的被子或一件棉大衣，他们经常身下铺些干草，睡在地上。母亲口中的抗大生活丰富而又充实，在抗大，不仅有紧张的学习、操练，还有丰富多彩的课余生活。每天除了出操、上课、睡觉以外，都能听到学员欢快的笑声、嘹亮的歌声。出早操后，母亲和她的同学们，站在山坡上，迎着冉冉升起的朝阳，会情不自禁地高唱："红日照遍了东方，自由之神在纵情歌唱，看吧！千山万壑铜壁铁墙，抗日的烽火燃烧在太行山上、气焰千万丈……我们在太行山上，我们在太行山上，山高林又密兵强马又壮，敌人从哪里进攻，我们就叫他在哪里灭亡！"每次开会前，她们都要互相拉歌，每次全队集合，她们都要唱《大刀进行曲》。

母亲在日记里写道：只要听说是抗大的同学，不管认识还是不认识，心里都感到特别亲切。因为在抗大的那段经历，是我一生中最重要的经历，我为能在抗大学习而感到幸福，我为能在抗大毕业而自豪！因为抗大是世界上最艰苦的学校，也是为中国革命培养干部最多的学校。

金一南笔下的母亲

"抗大造就了我的母亲"，金一南这样评价抗大时期自己的母亲，同样他的母亲也是因为参加抗大与家人发生了激烈的争吵。母亲的大姐说：你要是走，我就不认你这个妹妹了！但是他的母亲还是坚决地投入了革命，抗大的生活十分艰苦，甚至于母亲的第一个孩子早产于革命道路上而不幸夭折。金一南经常想起这一幕，是什么使母亲这样一个大户人家的富家小姐放弃原有优越的生活，义无反顾地走上革命道路？后来有很多人问他的母亲，你后悔吗？尤其在"文化大革命"中，母亲还因出身成分受到迫害。母亲后来讲，永不后悔，她庆幸离开了那个令人窒息的大家庭，成为一名抗日战士和共产党员。金一南认为最为恰当的一句话就是：抗大造就了母亲。他的母亲是家庭中的叛逆者，而抗大承接了这位叛逆者，并将她锻造成了一位忠诚的党员。抗大这块磨刀石，把小资产阶级磨得精光，使自己变成一把利刃，这就是共产党的理想与信仰。

劳动：我们是劳动者的先锋

抗大的田园日记

窑洞里的红色校园

1937 年，我拿着组织的介绍信来到抗大报到，那时全国都处在民族危亡的紧张情绪中，我和各地青年一起，不顾疲劳，哪怕双脚磨出血泡也要日夜兼程地赶到我们心中的革命圣地——延安。初到延安，这里与我想象的并无两样，大家住着土窑洞，吃着小米饭，虽然艰苦了些，但是我们很快就习惯了新的生活，正式开始了在抗大学习、生活的日子。

开学不久，我们就接到党中央的指示，要把宿舍腾出几间给陕北公学做校舍，这让本就紧张的窑洞更加不宽裕了。经过校领导的商讨，决定开挖新窑洞来解决我们的住宿问题。我们听到这个消息时极为兴奋，一来我们就要住上新的宿舍了，二来这宿舍是由我们亲自修建的，住在那里别提多有成就感了。但是问题随即而来，我们这一期的学员多为全国各地的青年，大家并没有修建窑洞的经历，和学校多次讨论后，最终决定由经验丰富的苏振华同志带领我们参加这一艰苦的工作。首先在选址上，我们选择了一些面向南面的土坡，听帮忙的前辈说，这样的窑壁经过太阳的长期照射，土质非常干硬，虽然难挖但是也很结实，且面向南边比较易于采光，我们跟着当地的同志各处考察选址，没几天就正式开工修建我们的新校舍。

开工那天，大家起得格外早，拿着我们的工具三五成群地来到各自分配的区域，有的男同学一到现场就开始挖，旁边的教导员同志赶紧阻止他们。看着我们一脸疑惑的表情，他笑着和我们解释道：“我们挖之前要找个地势稍高的地方，挖出来的土就可以直接倒在地势低的地方垫着洞口，这样挖出来的窑洞才会比院子高，下雨的时候窑洞里就不会进水啦。”我们在一旁听着连连点头，不由得心生敬佩，原来挖窑洞还有这么多讲究，我们伟大的劳动人民在劳动中总结出这么多生活的经验，我们这些读过几本书的人对这些生活常识的了解实在缺乏，想到这我们也放下手中的工具，仔细研究起自己的“地盘”了。教导员看我们一脸认真的样子又说：“确定这窑洞地基打好之后，我们就可以把表面修理平整，我们这里土话叫作‘刮崖面子’，都修整好之后我们就可以动手打窑洞了。”听完教导员的话我们恍然大悟，原来挖窑洞并非我们所想的那样简单，同时也更加激励我们要挖好这些校舍，不辜负校领导对我们的信任。

接下来几天，我们每日半天工作半天学习。同学们在坡前热火朝天地劳动，有的抡镢刨土，有的挥起铁锹把土装上独轮车，这边装上那边就有同学把土推走，有的同学还主动提出用箩筐担，大家和和睦睦的，没几天就形成了一条熟练的流水线工作。看到我们在打窑洞，村里的乡亲们也赶来看热闹，有的热心大叔看到我们休息，竟亲自拿起铁锹给我们示范他们的劳动经验，大家都在这项工作中得到了锻炼。

在我们第三期的学生中，还有好些女生，我们被划分到女生队中去，有些同学过去留过洋，从未接触过这些劳动工具，在最开始挖不了几下就一身汗，每天晚上休息的时候才发现手磨出许多血泡；还有的年轻孩子，头晕恶心，每天劳动完都像是害了一场病……即便如此，也不能打消我们的劳动热情，挑不动担子就找出绣花的枕头垫在肩上，一步一步往前挪。为了给大家打气，我们还组织了啦啦队，我们自己编了歌词，配上熟悉的曲调就唱了起来，给劳动的同学用歌声来缓解疲劳。我们通过这样的劳动硬是把自己锻炼出来了，半个月后，我们竟挖出 175 孔新式窑洞，自力更生地解决了校舍问题，还为新到的学员准备好了住处。当有人把我们的劳动成果指给毛主席看时，还笑称这是“小姐窑洞”“少爷窑洞”，毛主席笑着说“你可不要小看挖窑洞，这可是挖开了知识分子和工农隔阂的一道墙啊”。听到毛主席的称赞，我们心里别提有多自豪了，更加积极主动地参与到劳动中去，抗大校园各处飘荡着我们的劳动歌声“革命的战士，不怕那苦和累呀！为了咱们的学习呀！大家来挖窑洞哇！呀哎咿呀哎咿哎……”

双脚踩在土地上的革命

1938 年的冬天让人记忆犹新，自从战争爆发之后，中国陷入了最为艰难的阶段，大部分地区正遭受内外夹击，抗日根据地的生产力遭到极大破坏，粮食、药物都到了极度匮乏的状态，那个冬天我们过得极为困苦，我们这个处在边区的地方，几乎是没有衣服穿、没有菜吃，连用一张纸都是奢侈的事情，更别说是过冬的棉被了。

1939 年初春，空气中还带着残冬的凛冽，距离我来到抗大已经过了几月有余，为了响应毛主席的号召，3 月，中共中央召开了延安党政军学动员大会，并号召大家一起动手，艰苦奋斗，打破国民党反动派的经济封锁，共渡难关。

就是在这次会议上，毛主席为抗大的学生专门题词激励：“一面学习，一面生产，克服困难，敌人丧胆。”在毛主席的激励下，大生产运动在抗大进行得如火如荼。在我们校舍后山有一大片荒地，村里的青壮年都赶往前线，生产的任务自然就落在我们这些学员身上了。我还记得我们第一天上山时的情景，荒凉的山上除了杂草以外几乎没有任何植物，那时天气初晴，山上的积雪还未融化，上山的路变得极为艰难，我们在泥泞不堪的小路上经常滑倒，有时还会被路边坚硬的碎石划伤手掌，但为了不影响整体同学的进度，仅用一旁干净的雪擦一擦手就继续上山了。

随着气温逐渐上升，我们也把荒山上的杂草清除得差不多了，俗话说斩草除根，我们先用铁锹把土地铲松，让杂草的根暴露在外，等把地全部翻一遍之后再用锄头把草锄出来，集中在一起烧掉，这项工作很快就结束了。山上有些枯死的树木，盘根错节，有要在地下结成大网的样子，我们好几个男同学围在一起，合力把这棵树的根一点一点刨出来，最后用斧头砍断这些根，这些木头我们一般会收集起来，留作生火。

我们在抗大虽然生活艰苦，但是比起真正的战士们吃的苦，我们还算能维持一定的温饱。我们每日的饮食都是野菜和小米，起初有些同学吃不惯，觉得像沙子一样卡在喉咙里咽不下去，但是渐渐地就吃得香了，有些体质较弱的同学后来竟然比刚来抗大时还健壮了一些。有些女学员虽然体力上不如男学员，但是各个争强好胜，不甘示弱，有时候白天没做完的活她们会趁着夜里去干，或者第二天起得更早去补干昨天的活。陕北高原的山上植被稀疏，基本上很难找到柴火，男生女生就会走很远的山路去背柴，虽然很辛苦，但是大家一路上欢声笑语，有时会相互竞赛看谁背的多，不小心在泥泞的山路上摔倒了，大家也是乐呵呵的，就像是前线凯旋的战士。这种友善的“竞争”还延续到开荒种地上，男生女生分为两队，相互比较开荒进度，有时女生竟会赶超男生，大家看了都会给女生队竖一个大拇指，称赞她们是“巾帼英雄”。

我们开荒的进度一天比一天快，从原来一天三分地渐渐地竟能干到一亩多，有时候晚上回去，手都磨到撑不开，第二天吃早饭时，坐在桌前端着饭碗就睡着了，直到听到集合的哨响才惊醒，知道新一天的劳动又要开始了。就是这样的劳动速度，终于在半年后我们抗大的学生基本解决了吃饭的问题。

在战争期间，我们主要种植的还是粮食居多，如水稻、玉米、小麦等。为了增加这些农作物的产量，我们主要通过增加种植面积、提高单产来进行。除了这些粮食，我们发现土豆、红薯、大麦、荞麦和豌豆这些含淀粉高的农作物更能充饥，我们后期的学员种植的范围越来越广，种植的种类越来越多。除此之外，棉花也是我们重点种植的作物，我们学校的女学员后期可以收集棉花来做衣服和棉被，这些在战争期间都是必备的军需物资。

如果问抗大的学员最擅长做什么，我们一定会说枪杆子、笔杆子和锄把子，抗大的学员不再是象牙塔里对未来充满幻想的孩子，而是真实地站在土地上，真真切切参加革命和生产劳动的实践者。在 1939 年，我们抗大学生共开荒 17831 亩，收粮 9900 担，彻底粉碎了敌人的封锁。

生产竞赛

1943 年，春耕运动正在进行中，《解放日报》报道了两位劳动英雄杨朝臣和吴满有的生产友谊竞赛，随后几天，报纸的新闻头条都是关于两位英雄的事迹和战书细节。我们抗大有很多年轻人，本来在劳动过程中都暗暗憋着一股劲儿相互比较，当报纸上光明正大地写出有人进行生产友谊赛，我们抗大青年们的干劲儿就更被激发了出来，我们学校的学员，还有一些尚未成年的孩子，但是在生产运动中却不想输给任何人。我们每天起早贪黑地去山上开荒种地，还自己研发新的劳作农具，有的学员为了提高单产，日夜不休地照料自己的土地，就这样，抗大的生产竞赛轰轰烈烈地开始了。

在开地的前几天，因为怕大家埋头猛干不能持久下去，学校并没有提出让我们大家伙比赛，经过几周的劳动训练，大家逐渐熟悉了劳动强度，手上的血泡磨破了，全身的酸痛过去了，挖地的力气也越来越大的时候，我们抗大出现了一天一亩地的劳动英雄，学校指导员就以这位学员为榜样，号召大家向他学习。我们看他能挖那么多，胜负欲就被激起来了，就这样你和我比，我和你比，个人和个人、生产队和生产队的比，渐渐地，我们的劳动强度竟然达到了根据地的平均水平。就因为这样，整个陕甘宁边区人们的劳动积极性被提高了，我们学校的钱永才最高的日开荒纪录竟达到4亩7分地，那一年代表我们学校成了劳动英雄之一。

我们的生产竞赛并非全是你超我赶的比拼劳动进程，我们还注重改进生产技术，听说农业劳动英雄杨朝臣、申长林、刘玉后等人还经常相互讨论劳动技术和生产方法，我们抗大的学员也学着他们，根据我们学校后山那块地的具体情况来制订种植计划。我们有一些学员以前有养鸡养猪的经验，也在校舍后面用篱笆圈了块地养起了小猪仔，我们都笑称他们是“土豪队”。

不仅如此，我们学校的女学员还做起了女红，收集好种的棉花，自己做棉被、衣服，有时候我们男学员的衣服、鞋袜旧了破了，女生看见后也毫不嫌弃地给我们做上几双鞋子，虽然针脚并不像有经验的大娘那般熟练，但也让我们暖暖和和地渡过了几个难熬的冬季。我们有些女同学不仅学会了纺纱、捻毛线，还学会了和泥、脱坯、烧砖。

一年过去了，通过生产竞赛，我们学校比往年进步很多，向政府领款只占了经费的一小部分，我们自己生产解决了大部分经费问题；蔬菜自给占了百分之百；通过养猪养鸡我们还有了肉食，生活水平一下子得到了提升。接下来，我们又决定增开一些作坊生产一些日用品，争取明年可以向政府领用更少的资金。从此抗日军政大学有了这样一个传统，抗大每期的第一节课就是去开荒种地，真实地参与到劳动中去。

在抗大，大家不仅从什么都不会的孩子变成了脚踏实地的劳动者，更重要的是通过生产劳动，大家明白了劳动创造世界的真理，培养了艰苦朴素的作风，而在抗大这几年的磨炼将会让我受用终生。

劳动人民的赞歌

在抗日战争时期，大量优秀的抗战歌曲以其独有的方式激励着广大中华儿女前赴后继，特别是在延安，这个无数革命儿女心中的圣地，虽然物资匮乏，但是精神财富丰富，人们保持着激昂向上的精神风貌，积极响应党组织的号召，在轰轰烈烈的大生产运动中，抗大儿女和延安人民共同为抗日做好后方支援工作。正是在这种背景下产生了许多脍炙人口的歌曲，《生产运动大合唱》就是在这一时期广为传唱的歌曲，它的作词作曲分别是两位艺术才子塞克和冼星海，他们希望在大生产运动中，通过另一种方式参与其中。当时革命歌曲已经有很多了，但是多为“上前线”“冲啊”等主题，他们想寻找一个新的题材，在艺术上作出创新。

1939 年，为了战胜所面临的经济困难，坚持长期抗战，大生产运动在延安进行着。大家在驻地周围的山坡、路旁、河滩等地开荒种地，不仅如此，有养殖经验的同志还在驻地周围养起鸡鸭牛羊，大家每日劳作之后伴着夕阳，沿着延安河三三两两地回到住所。看到这样的景象，塞克触动很大，他一边散步一边思考，这不就是中国的希望吗？这些朝气蓬勃、积极向上的青年都是中国的未来啊！随即塞克就开始了他的创作，整整一天后他写出了一组以生产和抗战为主题的《生产运动大合唱》的歌词草稿。

这组劳动者的赞歌的另一位缔造者冼星海虽然出生在南方，但是他很快适应了这种生活，在延安物资匮乏的时候，他拿起锄头和大家一起去田里开荒种地。他见过了身边太多这样的劳动场面和故事，正是有这样鲜活的经历，他对歌词有旁人无法感同身受的理解，不到一周他就完成这组歌曲的谱曲工作。

这组歌曲不仅讴歌了轰轰烈烈的大生产运动，并且表现了极大的爱国情怀和抗战的激昂情绪。1939 年，这组歌首次在陕北公学大礼堂演出，自此便唱遍全国，所有劳动者都在这首歌里找到了自我，找到了革命目标。特别是其中的《二月里来》，面世后广受大家好评，质朴顺口的歌词好记好听，广大群众劳动时经常会唱起这首歌，在农田里这个人唱一句“二月里来好春光”，那边就有另一个人接上“家家户户种田忙”，伴着歌声大家挥舞锄头更加起劲了，在庄稼收成的时候，镰刀在金黄的小麦上翻飞，大家埋头苦干，累了就唱首歌来放松一下，广阔的庄稼地里只听歌声不见人。当收割好的庄稼整整齐齐垒在空地上时，人们这才明白歌词里“种瓜的得瓜呀种豆的得豆，谁种下仇恨他自己遭殃”的含义，于是更加积极地参与到其他劳动中去，正是应了歌里唱的那样“年老的年少的在后方，多出点劳力也是抗战”。

⊙ 张心怡

抗大的别样课堂

在抗大还有这样一群人，他们不是干部，不是教务员，也不是学员，但和那些在抗大挥洒汗水与激情，坚定信仰、勇往直前的抗大学员一样，他们也在抗大留下了最美丽的青春与回忆，他们有一个共同的名字：抗大杂务人员。

但是在抗大，他们不仅仅是杂务人员，更是拥有着另一种身份的“学员”，他们同样在抗大的“课堂”上汲取知识，不断进步。

教育杂务人员，抗大不是首创，它早已是八路军的政治中心工作。即使是在充满千难万险的长征中八路军也没有放松对于杂务人员的教育，在人才和物资都极其困难的情况下，只能用木条、竹片、黑炭这些简易的工具来教杂务人员识字、学习，这成为全世界闻名的壮举。而在抗大，更是丝毫不放松对于杂务人员的教育。在这个充满力量和青春活力的校园里，有的是教育人才。学员，就是杂务人员最好的老师。

抗大的杂务人员大都出身于手工业者和农民，文化水平都很低，大多数没有上过学，有的是彻彻底底的文盲，一个字都不认识。他们大都是从前方调到后方来工作的八路军战士与勤务员，在抗大担任通信、炊事、理发等工作，也有在抗大的洗澡堂或是合作社工作的。其中有一些年龄稍大的杂务人员因为已经受过了长期的教育也能够看一些普通的书报，他们算是杂务人员中比较“博学”的了。当然，在经过一段时期的教育之后，杂务人员不仅能够识字看报，政治觉悟也都有了很大的提高。

杂务工作者中的“先锋”

可别小看这些平凡而普通的杂务工作者，他们中有的是曾经历过两万五千里长征的战士。这些战士们在艰难而持久的斗争中已经逐步提高了自己的思想政治水平，尽管有些战士年纪还不大，也没有读过书，但是他们已经明白国家、民族，明白党的概念。当退居后方，以一个杂务工作者的身份来到抗大这样一个特别的集体时，曾经战斗时的信仰没有变，理想没有变，他们成为杂务人员中的先锋者，用自己的力量感染身边的杂务人员，使得周边的同事们都能够积极学习，不断提高自己的政治水平，这也成为抗大杂务工作者互帮互助、协同进步的学习特色。

先进的抗大杂务人员逐渐形成了这样的意识，他们认识到：在民族革命斗争的过程中，前方和后方的工作不但一样重要，而且是一样有价值的。只要是对于抗战有利的都是革命工作，都有它伟大的意义，而且只有在工作中不断地学习，才能够提升他们的能力，加强他们对于政治问题的理解，进而把工作与学习有机地联系起来。但是不可否认的是，尽管这些杂务人员基本形成了正确的政治意识，但是他们的政治与文化水平依然还比较低。可喜的是，他们中的很多人都对学习充满了渴望与兴趣，抗大的学员为了提高他们对于各个方面知识的了解，满足他们对于学习的要求，每队都会分派几位同学肩负起教育杂务人员的责任。在抗大的校园里，不管是学员还是一个普通的杂务人员，内心里都涌动着一团火，是进取，是希望，是把日寇赶出中国的决心。

别样课堂，别样情怀

战术要因地制宜，对人的教育也要因人而异。抗大对于杂务人员的教育有自己独特的方法，主要从三个方面着手，分别是识字、政治与生活。

首先来说说识字吧，这可是杂务人员的基础“课程”。他们每天要学习三个或者四个日常生活中的常用字。听起来似乎不多，但是对于杂务人员来说还真是一个不小的任务量。字音、字义、书法三者都要同时进行，要做到能识一个字就能懂一个字的意义与用法，要把每个字都写得十分地熟悉。学员作为杂务人员的老师，不光要使他们认识这个字，还要让他们保持识字的兴趣，这还真不是件容易的事哪！

第二个“课程”就要关于政治教育了，主要是教杂务人员理解抗日民族统一战线的内涵。他们用通俗易懂的语言详细地向杂务人员解释国民党与共产党今天为什么要合作；过去合作时对于革命的胜利的情形是怎样的；如果不合作会有怎样严重的危险；今天的两党合作是如何亲密以及我们应该怎样去巩固和扩大抗日民族统一战线等问题。同时，还要告诉杂务人员日本帝国主义侵略中国的历史，他们是如何凶残地对待我们的同胞、抢占我们的土地，告诉他们日本帝国主义为什么要侵略我们的国家，以及什么是持久抗战，怎样去争取持久抗战的最后胜利，从而彻底打倒日本帝国主义。

第三个便是关于生活教育。生活方面的教育主要集中在杂务人员的座谈会以及生活检讨会上面。在杂务人员的座谈会上，每个人都能畅所欲言，可以自由地谈论彼此在各个方面仍旧不懂或不了解的问题。在座谈会上，杂务人员提出的很多问题都反映出了他们的思想境界，如怎样做才能算革命工作？为什么要打倒日本帝国主义？为什么要抗战到底？虽然有些问题还很不成熟，但是有问题才说明想进步，才能进步。在座谈会上的热烈谈论让杂务人员的学习热情不断提高，每个人的政治思想水平都得到一定程度的提升。很多杂务人员不甘落后，在座谈会后更是努力地学习，以便在下一次会议上“大显身手”。当然，生活检讨会的设置也是必不可少的。检讨会上杂务人员会对自己的工作、学习生活作出检讨，也会谈谈自己今后的工作计划等。通过座谈会和检讨会这两个会议，便可看出杂务人员对于各项教育内容理解学习到怎样的一个程度了。

除此之外学员每两个星期都要教杂务人员唱会一首救亡歌曲，提高他们的工作情绪，同时传递积极向上、不畏艰难的抗战精神。

“团结、紧张、严肃、活泼”的抗大校训在杂务人员的课堂上也会体现。在每次讲授之前，必然会有一次对于教学的意见与所讲问题的讨论，杂务人员们的发言都非常勇敢热烈，“教员”和“学生”在这里打成了一片。

学习兴趣哪里来

抗大的生活、学习条件极其艰苦，即使是学员，平时也要参加到劳动中来，更不用说抗大的杂务人员了。这些杂务人员的工作繁多而琐碎，忙起来的时候可是连一点休息的工夫也没有，更别说挤出时间来学习了。但是为了加强抗日的力量，提升每一个杂务人员的政治文化水平，改进他们的生活，就要克服一切不利于工作与学习的困难，尽可能地提高杂务人员学习的积极性与自主性。当然，关键的是还不能减少他们对于工作的热情。

能让杂务人员在繁忙的工作之余还对学习充满兴趣确实不是一件易事，但是在抗大，又有什么是不可能的呢？

为了提高杂务人员的学习兴趣，抗大学员积极对他们进行慰问，关心他们的起居，还帮助他们工作，如帮忙煮饭等。同时学员之间还会进行一些募捐，包括钞票、衣物等，送给态度端正、学习积极的杂务人员作为奖励，还会在空闲的时候组织一些文化娱乐活动。

同学们的慰问与帮助工作，一方面促进了学员与杂务人员的相互了解，使他们的关系更为亲密，不像是“老师”与“学生”的关系，而更像是一种朋友之间的相处，另一方面也能够激发起杂务人员学习的热情。校园里经常可以看到他们在灶台边、饭桌旁或是在院子的台阶上相互讨论着某个字的用法、某个词的含义。而募捐奖励在一定程度上解决了他们在物资上的困难，文化娱乐更是在精神上给予他们慰劳。

抗大的六百多名杂务人员，在学校和学员的鼓励推动和教育下，每个人都在成长、收获，他们和那些满怀热血的青年学员一样，心中渐渐燃起了信仰的火焰。

生活检讨会上的活跃情形

让我们来看看杂务人员的生活检讨会吧，这可是一番无比活跃的情形呢！

生活检讨会通常以一个队的杂务人员（约十人）为单位，大家围坐在一起进行批评与自我批评，每个人都情绪饱满，这可是他们繁忙的工作与艰苦的生活里极具仪式性的会议啊。

会议开始了。

一位姓张的大哥刚刚进行了自我批评，话音刚落，另一边一个年纪还不过十四五岁的小伙子便要发言。他态度十分谦逊，说："张同志，我对你有点意见。你最近几天，比前一个礼拜，在工作、学习方面，我个人感觉你退步了，比如你不主动地去工作，总要人家分配，也不看书，也不多和我们说话，一天东一趟，西一趟……张同志，你刚才自我批评，对你这些缺点完全没有说到。我们有了错误，只要能改就好！如果不承认自己的错误，是对自己不负责，我认为是不好的事情。我对张同志就有这点意见。"

坐在他对面的马上接着说："我也有这个意见。"在座的每个杂务人员都认真地听着其他人的发言。

这位姓张的大哥眉头锁了锁，内心已非常惭愧，但是脸上仍佯装镇定。他缓缓地说："是的，上个礼拜我因为一些事情……确实犯了错误，你们指出我很感谢，希望以后同志们发现我的错误，马上指出来……"

那个十四五岁的孩子像要笑出来似的，但是马上清了清嗓子，诚恳而严肃地说道："张同志说得太好了，很坦白，我们都应该学他。但我还要说一句话，就是我们的错误，要真能改悔，不要光说不做。"话音落下，大家都送上了掌声。这个十四五岁的小孩子可是厉害，年纪虽小，但他在这一队里可算是顶呱呱的模范。

接着会上的每个杂务人员都依次对自己进行了自我批评，然后由到会的其他同志对其批评，或者补充在自我批评里没有说到的地方。基本上每个人都能做到积极地发言，勇敢地说出自己对他人或一些事的看法和意见，生活检讨会俨然变成了开展思想战一般。

当然，检讨会不是毫无纪律的批评大会，每次检讨会都会在他们中间临时推选出一位主席。主席在检讨会上起着至关重要的作用，他可不仅仅是观战这么简单，还要维持会议的秩序、解决在会议上由于意见不合随时可能引起的冲突。主席每调停一次"战争"，总是担负着说服错误意见与纠正某些同志的自由主义现象的责任。

快去看！今晚有娱乐晚会

月光是那么的明亮，一阵阵晚风吹来沁人心脾，白色的煤气灯光下围着一群艰苦工作的抗大杂务人员，还有几十位男女学生代表和学校首长。杂务人员有序地排成U字形席地而坐，兴奋地等待着晚会开幕。

在娱乐晚会开始前，学校的几位首长对杂务人员的工作和学习情况进行了总结和表彰。下面的杂务人员都聚精会神地听着首长们的发言。他们兴奋地仰着脖子，有的还歪着头，把耳朵一个劲儿地往首长发言的那个方向凑，生怕一不留神就会错过首长表扬自己。下面时不时传来一些小声讨论的声音，这个时候可是杂务人员最紧张又最兴奋的时刻。

其中一位首长首先肯定了杂务人员的工作与学习。他说，在学员的帮助与自身的努力下，每个杂务人员在学习方面都有了很大的进步，更难能可贵的是思想上也获得了进步。他表扬挑水员一边挑水，一边识字；煮饭的同志们也一边煮饭一边讨论学习，在工作的时候也时刻不忘了学习，这种精神是值得每个杂务人员学习的。

这位首长还给大家讲了这样一件小事："有一次有一个从外边来边区参观的记者，向我们抗大炊事班的同志提出了两个政治问题，本以为炊事员会回答得一塌糊涂，可没想到的是，这两个同志给他答复得非常完美。那个记者不禁吃了一惊，随后大为感动。他惊奇地说：'这边的炊事员对于这些连我都不知道的问题，都能解释的那样清楚，这不能不叫我佩服了！'于是，这个记者把这件事传了出去，引起了不少人的注意，夸我们抗大的杂务人员政治水平高。"这个小故事让坐在台下的每个杂务人员都心生自豪，纷纷鼓起了掌。最后，这位首长总结说，虽然同志们的工作学习有进步，但是也不能否认，同志们的认识还是不够的，还要更加努力学习，努力了解政治问题，开展"抗战突击运动"的竞赛等，不断地提高自己。

台下又是一片热烈的掌声。

待首长们的讲话结束之后，他们都纷纷站了起来，齐声高呼："积极工作，努力学习！发扬艰苦耐劳的精神！爱护首长，尊敬教职员！消减一切不良现象！

提高政治警觉性！为完成上级三大号召而斗争！打倒日本帝国主义！中华民族解放万岁！”嘹亮的口号声在夜空中回响，昏暗的灯光下映出的是一张张朴素而坚定的脸庞。

这时快开始演剧了，这是杂务人员们最期待的环节。演出的剧目大多数是学员预备的，也有的是由杂务人员自己准备的。演剧还没有开始，场地里的学员和杂务人员就已经按捺不住了，首先来了一个拉歌比赛来热身。

不一会儿，歌声就开始如怒涛似的起来了。“欢迎二大队唱歌！”东边角落里的一大队的杂务人员刚刚唱完一首歌，便齐声这样喊着。“我们也赞成！”大家积极地响应，好不热闹。二大队的歌声还没有响起，那边的四大队接着喊道：“二大队不要羞羞答答！”这时，二大队的歌咏指挥已经站在大家的面前了，准备为大家展示一下二大队的歌喉。不过定睛一看，这小伙子只有十一二岁的样子，真是一个机灵的小鬼，勇敢、天真、活泼，丝毫不怯场，那双黑黄的小手在空中灵活地摆动着，指挥节奏的样子俨然一个老练而成熟的指挥家，真是想不到在杂务人员中还有着这样的无名“音乐家”！

每队的杂务人员都不甘落后，都要比比哪队的声音更大、哪队的歌声更嘹亮。一首接着一首，大家都沉浸在优美的歌声和欢声笑语中。歌声结束后还有更多精彩的节目，例如话剧、舞蹈等，可别小看这些学员和杂务人员，可有不少多才多艺的人才，节目一个比一个精彩。虽然没有明亮的灯光、华丽的服饰，甚至像样的舞台，但是每个参加表演的学员或是杂务人员都格外用心，力图为大家展现出最好看的节目。坐在台下的杂务人员也都十分捧场，很少有人提前离开，他们都被精彩的表演吸引，看得津津有味，掌声一阵接着一阵。

一个个精彩的节目就在大家的掌声中被依次送了出来，又在他们的掌声中结束了。

杂务工作也是革命工作

抗大给杂务人员这样好的教育，那成绩究竟怎样呢？对于这个问题的答案，杂务人员用行动作出了最好的回答。

在工作方面，因为有了学员与杂务人员之前的相互鼓励与教育，不论是在洗澡堂、合作社，还是在各大队、连队里面，杂务人员的工作都突飞猛进。过去，小米饭是最难煮好的，现在每一队都可以吃到很香很甜的小米饭了；每个洗澡堂里也常有清水洗澡了！杂务人员们对于工作的态度越来越认真，大家都有目共睹。在学习方面，过去不认识字的，现在至少也能认识百余字，这可是不小的进步呢！而过去认识几十个字或两三百字的，现在已经能写文章和书信了。在各大救亡室的墙报上面，经常可以看到杂务人员的作品。尤其在杂务人员的会议上锻炼出了许多能够讲演的人才，他们都是在会议上勇于发言、勇于表达自己意见的积极分子，他们在会议上的讲演甚至不逊色于抗大的学员。

某队队长奉命去晋北任团长，在欢送这位队长的晚会上，一位杂务人员在学员与教职员的掌声中被送到了讲演台上，他讲了下面这样一番话：

“各位同志，今晚欢送队长上前线去打日本帝国主义，我代表本队杂务人员讲几句话：队长在队里领导学员学习，领导我们工作，算是革命工作，现在到前方去打日本帝国主义也是革命工作，我们杂务人员的各种工作，也是革命工作。现在队长走了，我们没有什么送给队长的，只有拿我们以后的努力工作、努力帮助学员，拿我们的做好革命工作以保证学员学习计划的完成，来报答队长对我们的领导。”

这位杂务人员刚刚说完，台下就响起了热烈的掌声。

杂务工作也是革命工作，只要是对于抗战有利的就是革命工作。抗大教育杂务人员的作风和精神大大提高了杂务人员的政治文化水平，这对之后的持久抗战也是大有益处的。

⊙ 郭宇

抗大募捐第一课

黎城百姓的“吉祥鞋”

1939 年 9 月 10 日，中共晋冀豫边区第一次党代表大会召开。会上确定黎城为全区“唯二”、晋东南唯一的由晋冀豫区委直接领导的“抗日实验县”。

黎城，古称黎侯国，太行山革命老区，地处晋、冀、豫三省交界，是山西省“东大门”，素有“三省通衢”之称。其地处太行根据地腹心，是在太行区最早成立中共领导的全县域完整执政县的抗日民主政府，也是较早开辟为抗日根据地的地区之一。整个抗日战争期间，共产党在黎城始终保持唯一、完整、持续执政，日军始终未能在黎城建立日伪政权或维持组织，也始终未能在黎城站得住脚，国民党政府始终未能在黎城复辟，这一点实属晋东南唯一，太行区罕见。

1940 年 6 月 28 日，抗大总校由武乡蟠龙迁至黎城西井，校部设于北桑鲁村。而抗大第一分校被誉为“敌后办学的先锋”。1939 年 11 月，为了巩固发展山东抗日根据地，中央军委命令抗大一分校到山东敌后办学，就地培养山东部队的军政干部。学校在西井休整待命期间正值严冬。黎城的严冬异常寒冷，抗大的学员来自五湖四海，既有久经考验的各级八路军干部和地方干部，也有来自沦陷区、国统区和华侨的革命知识青年。除了男同志还有很多女同志，在抗大这所“革命熔炉”中，无论是男同志还是女同志，都以红军长征的精神激励自己，以苦为乐，以寒为荣。

总部虽然特供了一批布料拿来给学员，但是因时间匆促、人手有限，就临时决定把裁好的布料和棉花发给大家，需要大家亲自动手缝制。棉被、袜子做起来比较容易，唯独做棉衣棉裤，把大多数男同志难坏了，有的把两条裤腿缝成了一条，有的将袖子缝反了，有的左右襟差了大半截，根本没法穿。女生队里的能工巧手，主动给男同志做示范讲解，再到各班指导。经过几天的紧张赶工，大家终于缝成了。

当衣服和被褥都告一段落后，难题又来了，军鞋大量不足，这事儿可愁坏了抗大的学员。衣服有布料，熬上几夜也就赶制出来了，可是鞋子连布料都没有，学员常常打赤脚，因为赤脚行军多，使许多人都练成了铁脚板，连个刺都扎不进。经过讨论，供给部就和民运部一起想了个法子，发动大家一起募捐鞋子。

学员深知在很多地方都一直麻烦乡亲们，黎城的百姓更是把抗大师生视为亲人，不但主动腾出房屋、拿出粮食，还划出山林、留出田地给抗大的师生。学员还自行分成了几组进行募捐活动，其实当地的老百姓和学员早已亲如一家，在听说学员因为条件艰苦没有鞋穿的时候，家家户户开始把自己家的“存货”拿出来。在同样艰苦的环境里，乡亲们似乎已经忘记了自己的温饱问题，因为共同的抗日精神心系抗大学员，有的连夜赶制鞋子，有的捐出自己舍不得穿的新鞋，有的甚至拿出自己准备出嫁穿的婚鞋给抗大的学员避寒。还有一些老百姓捐了一些“奇怪”的鞋子惹得学员很是喜欢，鞋子上花团锦簇，像是戏法演员穿的鞋子，轻巧又美观，女学员几乎每人都能分到一双这样的“花鞋”，经过女学员的巧手改制，加工后的鞋子更是好穿耐磨，穿的人都爱不释手。大家还亲切地叫这些鞋子为“吉祥鞋”，寓意自然溢于言表。

与其说是募捐，倒不如说是学员和乡亲们在一起“抗战”，在抗大这所特殊的学校里，全体师生都以红军的长征精神激励自己，很多学员放弃了城市的无忧生活，来到烽火连天的根据地，脱下皮鞋换上和学员一起募来的草鞋。

光阴荏苒，抗大离开太行山黎城老区已有 80 多年了。黎城的百姓没有忘记抗大，历史也没有忘记黎城，抗大的学员更不会忘记黎城百姓的“吉祥鞋”。

2012 年 7 月 26 日，新华网公布抗大 7 处旧址，黎城霞庄位列其中，永久载入史册。次日，国防大学（前身为抗大总校）政治部副主任任天佑率领国防大学中青年教研干部“追寻抗大足迹，弘扬抗大精神”考察团一行 40 余人来到霞庄，向霞庄村委赠送了“万里长城”紫铜浮雕屏风，颁发了国防大学徽章。一朝捐赠“吉祥鞋”，来日当以涌泉报，表达了抗大对黎城老区人民的深切情谊。

募捐得来的救亡室

抗大从建立以来，期间曾建立过上千个救亡室，成为抗大工作和学习的一个重要形式。这些救亡室继承了红军时代“列宁室”的传统，在民族解放先锋队的资助和募捐委员会等团体的配合下开展活动，发挥了重要作用，积累了许多经验。

当时抗大成立的救亡室，现在人们听起来可能比较陌生，可是在抗大，救亡室在每一个队或者学习单位里都是必不可少的。这就相当于我们现在所说的组织团建活动的地方，其实类似于一种俱乐部的形式，采取文化娱乐方式来推动抗日救亡的工作，下设有墙报委员、文化娱乐委员、体育委员和卫生经济委员。这里值得一提的是体育委员，体育委员的主要工作就是组织加入本救亡室的同学开展各项体育运动、举办体育竞赛，牛克伦在他的《抗大救亡室追忆》中提到，他曾经就当选了抗大第三期第九大队救亡室的主任和体育委员。

但是当时抗大物质条件相当困难，体育器材设备受到限制，当时的体育设施也并没有现在这样完善，都是一些简陋的器材，但这并没有限制抗大体育运动的发展，救亡室通过发动募捐，自行解决器材问题。

募捐看似简单，实则并不简单，因为长期抗战，周围几里的物资都并不富裕，有时候募捐来的器械早已生锈不能用，学员便通过自己的巧手翻新，如果不说，谁也想不到这些器械曾经就是要荒废了的一堆“废铜烂铁”。说是翻新，做的也都是一些表面上的功夫，由于常年未被使用，器械用起来并不上手，一不留神可能还会被上面突出的铁片割伤，但是学员并不在意，以后都是要上战场的人谁会在乎这些小伤，他们反而越练越起劲，就像上战场前的牛刀小试。有的时候各大队募捐得来的器械不一样，互相之间还会交换，进行训练比赛。

在这样的时期，抗大体育事业紧密地同反抗日本帝国主义的民族战争相结合，正是这种精神，使得体育在抗大的教育过程中受到高度重视，不仅锻炼了学生的身体，增强了体魄，而且还培养和造就了一批体育人才，更为抗战的胜利发挥了重要的作用。通过募捐得来的器械更让学员冲劲十足，不仅为了比赛的第一，更是为了革命事业勇攀高峰。

陈嘉庚的抗大之行

陈嘉庚（1874—1961），福建同安县集美社（现厦门市集美镇）人。他青年时代背井离乡到南洋经商，开拓橡胶种植业，发展橡胶工业和海运业，终于成为一位有成就的实业家。陈嘉庚热爱祖国，关心家乡，重视教育，倾资助学，先后创办了集美学村、厦门大学等举世闻名的学府。

抗日战争爆发后，陈嘉庚先生四处奔走，团结南洋广大华侨，筹赈救亡，到处募捐，并组织大批华侨回国抗战。陈嘉庚先生是我国近代史上蜚声世界的华侨领袖，是为祖国富强、民族振兴而坚持奋斗的无数志士仁人中的杰出代表。

1940 年，我国许多沿海大城市相继沦陷，海外对国内抗战情况不甚了解。

延安各界欢迎陈嘉庚

为了帮助海外华侨了解国内抗战情况，了解筹赈工作的实际效果，以便鼓励华侨更加积极参加抗日救亡筹赈活动，陈嘉庚发起组织了“回国慰劳视察团”，由潘国渠任团长。

同年6月1日，陈嘉庚抵达延安，在窑洞里和毛泽东促膝长谈。其间因为八年前的一件事毛泽东向陈嘉庚致歉：八年前红军攻克漳州，当时的战士们因为长期作战，物资匮乏，没有鞋穿，经常是赤脚踩在泥水里，他们砸开陈嘉庚的漳州鞋店，将鞋分给军士百姓。得知卫兵陈昌奉曾从中拿了一双，陈嘉庚乐了：“我的鞋好穿吗？”陈昌奉说：“好穿！舍不得穿！”陈嘉庚说：“你应该拿两双给毛主席。”虽是谈话中的一两句玩笑，却不难看出鞋子成了连接红军和陈嘉庚之间一条剪不断的“绳索”。

6月2日下午，延安抗日军政大学第三分校的师生举行了欢迎朱德、陈嘉庚、茅盾和张仲实的大会。在被欢迎的四人中，除了茅盾因为生病而改派夫人参加外，朱德、陈嘉庚、张仲实三人都参加了此次欢迎大会。在欢迎大会上，朱德还让抗大代表向陈嘉庚赠送了八路军灰色军衣一套，陈嘉庚欣然收下。

陈嘉庚在抗大访问的时间并不长，但这绝对是其延安之行浓墨重彩的一笔。他在欢送大会上致辞，这次访问延安是满意的。他看到中共方面坚持国共团结合作、坚持抗战到底的立场坚定，态度诚恳，对延安各界艰苦奋斗的精神大感振奋。通过这次访问，他看到了抗大学子的勤奋刻苦和一心抗战的精神，使他对抗战胜利有了绝对的信心。

早在1937年10月10日，陈嘉庚就在新加坡发起召开侨民大会，成立“新加坡筹赈会”，宣布大会目的专在筹款，而筹款要多量且持久。在陈嘉庚的领导下，各帮分头劝募，筹赈运动如火如荼，每月可募十七八万元。他要求福建华侨要多为抗战做贡献，指出：“抗战重要在出钱出力，我闽省出兵力不及他省，我闽侨应多出钱，以补省内出力之不足。”1938年10月10日，南侨总会成立，公举陈嘉庚为主席。他在成立大会上指出，抗战严重期间，凡我侨胞自应精诚团结，集思广益，俾能加紧出钱出力，增强后方工作。国家大患一日不能除，则国民之大责一日不能卸；前方之炮火一日不能止，则后方之刍粟一日不能停。南侨总会名为筹赈祖国难民，实则以财力、物力、人力支援祖国抗战。据

1945 年南京国民政府财政部统计，南侨总会在陈嘉庚先生的领导下，从 1937 年到 1941 年，抗日义捐达 5 亿国币，且发放的 2.5 亿救国公债中南洋华侨的认购比重最大；捐献飞机 217 架，坦克 27 辆，救护车 1000 多辆，还设立制药厂，为抗战直接供应药品。在捐财捐物的同时，陈嘉庚先生还动员华侨青年回国支援，共有近 4000 名华侨参加南洋华侨机工回国服务团，通称南侨机工，有力支持了祖国抗战。当时华侨捐献的情形正如陈嘉庚描绘的那样：对祖国战区的筹赈工作，风起云涌，海啸山呼，热烈情形，得曾未有；富商巨贾既不吝啬，小贩劳工也尽倾血汗。

陈嘉庚在来到抗大后发现，有一群年轻人在为民族的危亡奋斗着，他在之后《西北之观感》的演讲中，用一件件事实证明，延安无论在哪一方面都呈现了一派崭新气象，共产党言行是一致的，深知民心、侨心，其团结抗战的立场与侨胞的愿望是一致的。这一演讲，后经重庆《新华日报》全文刊登，使大后方的广大人民受到极大鼓舞。返回南洋后，陈嘉庚把在延安的所见所闻激情洋溢地告诉广大华侨华人。他充满热情地说："中国的希望在延安！"毛泽东称赞陈嘉庚是"华侨旗帜，民族光辉"。他的事迹世界传扬，他的精神历久弥新。

回顾那段英勇悲壮的历史，我们不能忘记像陈嘉庚一样的海外侨胞这个特殊群体。他们以毁家纾难的报国情怀、前仆后继的英雄气概、不畏牺牲的献身精神，投身伟大的抗日战争，并给予抗日救亡运动强大的经济援助，海外侨胞地不分东西南北，人不分老幼贫富，均勠力同心、慷慨解囊，通过义捐、义演、义卖、侨汇、认购国债等多种方式，为祖国抗战筹措军费，与祖国人民共抗国难，结成举国御敌的坚强力量，以血肉之躯铸就了中华民族不屈的钢铁长城。

⊙ 孙雅婧

在太行抗日前线

劳动有文艺相伴

在 1942 年 5 月延安文艺座谈会召开之前，老百姓能看的戏剧要么是《日出》《雷雨》，要么就是一些国外的戏剧，其实老百姓多数是看不懂的。朱德曾说："好多战士英勇牺牲在战场，还不知道姓张姓李，这是我们的罪过，而且还是你们文艺的罪过。"毛泽东也号召"一切革命的文学家艺术家只有联系群众，表现群众，把自己当作群众的忠实的代言人，他们的工作才有意义"。因此，文艺悄悄的开始发生了变化。

兄妹开荒

《兄妹开荒》演出场景

转眼到了 1943 年春节，黄土高原上凛冽的寒风肆意吹着，但此时延安城南门外广场军民两万多人集会，激情澎湃、人山人海。原来是《兄妹开荒》开演了！舞台上的"哥哥"和"妹妹"一个肩扛镢头开荒一个来送饭，其乐融融精神昂扬，不论从言语到动作一切都那么真实自然，散发着泥土的芬芳，这就是老百姓辛勤劳动的真实样子。尽管这是个歌词只有二百多字的秧歌，却轰动了整个边区，毛泽东也连连夸奖："这还像个为工农兵服务的样子！"

这出戏是在延安文艺座谈会精神的引领下，由鲁艺、王大化等人由真实故事改编的，将边区的大生产运动中一对劳动模范的事迹以秧歌剧的形式搬上了舞台。这对"父女劳动英雄"名叫马丕恩、马杏儿，他们每天坚持开荒十几个小时，是辛勤耕耘的劳动人民的典范，他们的事例是最能展现劳动人民面貌的故事了。但这出戏刚开始排的时候，两个演员由于长期从事文艺工作，对于耕作开荒已经有一些生疏。为了保证表演效果真实自然，几个演员就商量要一边去开垦劳动一边排练。于是每天清早，他们就扛着镢头挑着扁担上了山，将自己融入了角色，一遍又一遍排练，光是在排练中开垦的土地都有好大一片。

功夫不负有心人，这支秧歌队走到哪里，老百姓就跟到哪里。那时的陕北到处都飘着《兄妹开荒》的歌声："扛起锄头上呀么上山岗，山呀么山岗上好呀么好风光；我站得高来看得远来么咿呀的海，咱们的地方到如今成了一个好解放区。"

缝衣歌

除了《兄妹开荒》还有越来越多的文艺作品诞生在延安这片红色的土地上。1943 年秋天，校领导把二千八百套棉衣的缝制任务交给了女生队，转眼就要到冬天了，时间紧迫，同学们立刻投入了战斗。钉扣子、铺棉花、锁扣眼、引缝，大家有条不紊地劳动着，一首《缝衣歌》就在这样紧张而愉快的劳动中诞生了：

"秋风起，天气凉，我们给战士做棉衣裳，让他们穿上不受凉，好上前线打胜仗。"

纺线歌

1944 年女同学们收到了新的任务：纺织一万斤细纱。任务虽重，可同学们兴致勃勃，就像要上战场一样，摩拳擦掌地表示坚决完成任务。即便不是扛着枪用子弹射击敌人，但是能让全校师生穿上新衣裳，这也是一项光荣的劳动任务。大家心明眼亮，志气高涨，在纺线热潮里愉快地劳动，还高兴地唱起了《纺线歌》：

“棉花车儿得儿溜溜转，好像朵朵白玉莲。白生生的棉花纺成线，送到工厂织布做衣衫。自力更生，战胜困难。抗大学生，劳动锻炼。学好本领开赴抗日的最前线。”

小小的文艺戏剧，赢得了万众人心。深入生活、密切联系群众是文艺工作者应有的作风，更是延续至今每一个共产党员应有的工作作风。

⊙ 窦梦雪

军事：燃烧的青春

那些年，班上的“尖子生”

在80多年前，在那个中华民族共赴国难、力挽危亡的抗日战争时期，抗大是我党人民军队培养军政骨干的革命摇篮，是中国人民不屈不挠、顽强抗战的象征，是中国人民解放的希望所在。在抗大，英杰辈出，他们求真务实、不怕牺牲、能吃苦、能战斗，为中华民族抗日战争的胜利立下了不朽的功勋，他们是民族的英雄，是时代的骄子，是真正的“尖子生”！

一则广告，魂牵救国梦

1937 年 1 月 21 日，一则招生广告出现在中国各大城市的街头，这对于当时沉浸于“七七事变”辱国之痛的中国青年来说无疑是个天大的好消息，这张小小的招生简章就是他们当时救国的药方。招生简章这样写道：“本校直属于抗日人民红军中央军事委员会，以训练抗日救国军政领导人才为宗旨，凡有志献身于民族解放事业，具有高小毕业同等文化程度，身体强健无不良嗜好及暗疾者，均可投考，年龄在十八岁以上二十八岁以下，考试科目有政治、作文、口试和体格，学习期限是六个月，校址在延安城。”这是一张来自延安的邀请信，是一封来自毛主席的邀请信，是呼吁中华民族有志青年顽强奋起为国奋斗的邀请信。

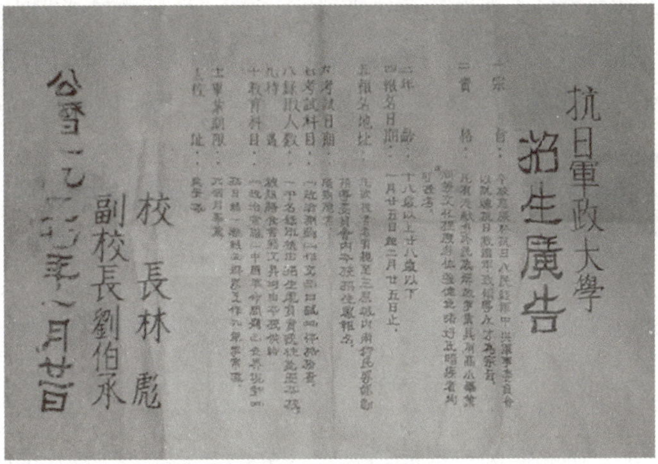

自此之后，大批优秀青年奔赴延安，共寻救国梦。当时正处于国民党“攘外必先安内”的内战政策之下，对共产党处处打压，面对当时大批青年奔赴延安读抗大，国民党中央陆军军官学校，也就是我们今日俗称的黄埔军校开出了优厚的条件来与抗大争抢生源：“只要来我这读书，每个月可领津贴八到十二元”，要知道当时八路军总司令朱德的津贴每月才只有五块钱。面对这样优厚的条件，这些当时的“尖子生”们仍然义无反顾地奔赴延安，对于他们来说延安是革命圣地，抗大则是他们实现抗日救国理想的摇篮。

苦！但国家更苦！

奔赴延安求学的都是当时的青年学生、有志之士，是当时中国最优秀的青年，他们书生意气，满怀理想，离开熟悉亲切的家乡，远赴中国的西北内陆之地，只为救人民于水火、救国家于危难。

赴延安之路苦，国民党沿路设卡，众多学生谎称前往西北农林学院才逃过一劫。道路崎岖难走，有从沿海城市赶过来的学生在路上就得奔波三个多月，如果没有车搭，一天就得走三四十公里路。

生活条件艰苦，饮食很少有蔬菜，就煮一锅汤大家分一分，宿舍条件有限，大家就一起睡在土炕上互相挤一挤。

学习条件艰苦，抗大简陋得都不像一所学校，甚至连最起码的教室都没有，夏天学生们就在树荫下或者是打谷场上听讲，冬天就在破庙、祠堂或是老百姓的羊圈里上课。没有黑板就用门板代替，没有粉笔就把白土搓成条晒干做成土粉笔，没有笔就把子弹壳收集起来打磨制成弹壳钢笔，没有墨水，就用锅底灰、煤灰兑水蘸着写……就这样学员以窑洞为教室，以石头、砖块为桌椅，以石灰泥土糊的墙为黑板，白天苦练杀敌技能，晚上伏案苦读，边生产边学习，边战斗边学习。

延安艰苦的条件给初来的学子们重重地泼了一盆冷水，但他们心里都深深地明白：延安虽苦，但我的国家更苦，我的兄弟姐妹更苦，帝国主义侵略者肆意侵占我的领土、杀害我的兄弟同胞，这份苦难我要铭记，“天下兴亡，匹夫有责”，救国于危难才是我此行的使命。

人才济济、豪杰辈出

“黄河之滨，集合着一群中华民族优秀的子孙，人类解放，救国的责任，全靠我们自己来担承……”这是抗大的校歌，无数的中华精英就是在这首歌的感召下，奔赴心中的圣地延安，到中国人民抗日军政大学求学的。“罗荣桓、陈赓、李先念……这些在中国革命史上立下赫赫战功的将领，都在延安抗大接受过教育，”毛主席评价抗大学生道，“你们这是过着石器时代的生活，学习当代最先进的科学——马克思主义。”毛主席对于抗大学生的教育尤其重视，甚至亲自在抗大当起了兼职教师，从哲学到历史，从抗战形势到战略战策甚至到作风养成、婚恋问题，等等，涉及的范围十分广泛，他讲课诙谐幽默，深入浅出，三天一小讲，五天一大讲，很受抗大学生的欢迎，就这样“抗大抗大，越抗越大”。

在这样的环境氛围中，民主和自由的精神渗透在抗大生活的方方面面，为党的抗战事业培养了众多的人才，无论是政治军事多面手，还是行走的智囊库，这些人一毕业就成了各个根据地最抢手的人才，是名副其实的“尖子生”。

例如抗大副校长“战神”刘伯承，经历了中国革命战争的全部过程，判断敌情准确，战斗计划周密，善于出奇制胜，神机妙算、足智多谋，具有仁、信、智、勇、严的军人品质，有古名将风，为国家不可多得的将才；善打硬仗的元帅徐向前，“先天下之忧而忧，后天下之乐而乐”，为中国人民的革命和建设事业贡献了毕生精力；一辈子讲真话的大将黄克诚、铁血大将王树声、名将之鹰陈赓，等等。

抗大办学九年多，培养了十多万英才，在条件极其简陋的窑洞大学里，书写了我党我军教育史上的奇迹。磨炼了求真务实、不怕牺牲的革命战斗精神，这些时代的尖子生为中华民族抗日战争的胜利立下了汗马功劳，是永远不朽的丰碑，抗大精神也将世代相传。

⊙ 袁莹莹

自由之路，我们时刻准备着

抗大近十年的办学，共招收 8 期学员，创建了包括总校在内的 13 所学校，吸引无数青年志士来到这片红色革命圣地实现自己救国的梦想。在当今时代，二十多岁的我们在美丽的象牙塔，优渥的学习和生活环境中接受着科学和真理的教育，而目光回眸到八十多年前，来自祖国四面八方的青年都聚集在延安，他们有的出身穷苦，有的出身于官宦家庭，但他们放弃了原来的生活，冲破了重重的封锁，忍受着延安物质生活的无比艰辛，刻苦学习马列主义、军事实践理论，进行精神的自我升华，只为了寻找中国新的希望。

延安抗日军政大学纪念馆展示的抗大旗帜

辛勤培育，为国之栋梁

抗大的课程共有三类，分别是政治课、军事课和文化课，军事课包括游击战争、姿势教练、步兵战术与战略等。军事课的老师在课上一定会向学员强调战术和战略的重要性，毛泽东主席讲过，战术上各个动作，其功用如同一个人的耳目口鼻；战略的重要，如同一个人的头脑，二者必须相互协同，才能达成整个战斗的胜利。[1]抗大是为打击日本帝国主义，实现中华民族真正解放而创办的大学，它有独特的教育方式和理念。抗大老战士王仲方曾经被队长说，自己离共产党还有十万八千里，心怀不满的他还上书毛主席。后来经过系统的理论教育后，他才明白人不能只有民族精神，更要有共产主义思想，才能获得精神上的升华。

实践出真知，真理是一步一个脚印踩出来的。抗大的教员大多是八路军干部，这些干部有的也曾经是抗大的学员，他们毕业后在无数大小战争中不断总结经验，突破瓶颈，在日后的抗大教学中及时更正不足，在军事理论教学中，将最适合最前卫的理论和实践经验教授给抗大学员。胜败乃兵家常事，但最为重要的就是在实践中反思，抗大一期学员的失利是因为采用了单纯的防御战术，在日后的军事教学中，学员明白应该充分利用我军的优势采取进攻战术，教员和学员的默契配合让军事课进行得有声有色，效率极高。

军事实践训练同样不受教育环境的影响，全面且具有针对性，投弹、刺杀、单杠、双杠、木马等训练让学员深入地了解军事知识，打下一定的军事技术基础。除此之外，教练还会对每一位学员进行单独训练，立正稍息，左右边看齐，齐步走，正步走……每一个训练步骤都十分严谨，单独训练不容许每一个学员懒散犯错，只因为抗大是在为国家培养栋梁之材。

脚踩荆棘，却头顶阳光

“集合！”一声尖锐的哨声响彻宁静的清晨，学员猛地一下从炕板上跃起，以最快的速度收拾好背包，整理衣装，学员在班长的带领下集合，炊事班成员也带着炊具，和大家一齐直奔操场。在十分钟左右的集合后，队长宣布敌情，带领学员冲着敌人方向前进。傍晚回来后，学员才知道这是演习。[2]时而进行的演习是为了提高学员的战争意识，时刻准备应对每一次的突发状况。

延安条件的艰辛是我们现在难以想象的，校舍和物资的严重缺乏让其不足以称为一所“大学”，那时的抗大面临三个严峻的困难，分别是校舍的困难、经

① 《抗大动态》. 抗大的教育方法，1939.8.
② 齐心，《激情燃烧的青春岁月——忆我在太行抗日前线抗大的战斗生活》. 百年潮. 2015. 8.

济的困难和教员的困难。一个班的学员各分为几个小组围着一块石头吃饭，由于水的严重匮乏，学员无法洗澡，睡在潮湿的炕板上，大家身上都生了虱子；没有标准的军事训练场，那就以树林、草场为营。但就算是在如此困难的条件下，抗大仍然对学员的军事训练没有丝毫放松，每天天还不亮就要出早操，严格执行军纪，衣帽穿着必须整齐，立正双脚必须并拢，腰杆必须挺直，学员之间、学员与领导之间见面必须敬礼，早操、站岗、放哨、野外训练演习等一切军事活动实行严格的考勤和审核制度，表现优秀者即可优先入党。

抗大老战士中有一位华侨女学员苗冰，她的父亲与陈嘉庚是世交，在陈嘉庚参观延安时，恰巧苗冰是他的翻译，陈嘉庚看到苗冰很是诧异，询问她放弃美国那么优渥的生活条件来到延安，心里觉得苦不苦。苗冰笑道："不苦不苦，美得很，美得很！"在学员的心中，延安是光明之所在，日子虽苦，心里却甜，因为他们每一个人都明白，他们是在为中华民族的解放而奋力抗争，这种信仰和意志是至高无上、无坚不摧的。

革命竞赛，欢笑中前行

"黄河之滨，集合着一群中华民族优秀的子孙，人类解放，救国的责任，全靠我们自己来担承。同学们，努力学习！团结、紧张、活泼、严肃……"激动人心的抗大校歌在操场上回荡，学员总是喜欢在课余时间、获得胜利或是受到挫败的情况下唱起校歌，这是他们的精神食粮，这是在严肃紧张的课业下解压的最好方式。一位在延安抗大考察的美国人曾写道："把游戏、娱乐和政治学习结合进行的方法，培育了共产党人战胜优势敌人所必备的思想和军事能力。"是啊，在严肃紧张的训练中又能营造活泼的氛围，这才是抗大的本色。

"集合，进行打靶训练！"打靶训练是抗大重要的军事训练之一，同时也是学员争先恐后想争取"神枪手"名号的特色科目。小王好像还在为上次打靶纸上的"大三角"感到懊恼，他有些近视，所以准头比其他学员稍差些。"小王，没事，你有些近视，所以别太愁"，"谁说近视眼就要比别人差，我非要打个准！"看到如此气势，同班同学都笑了，纷纷朝他竖起大拇指："加油啊，小王！"

来到了打靶场（所谓打靶场其实也就是在墙壁上钉了一张白纸，再拿一个黑色的小三角按在白纸上面），学员纷纷要求进行革命竞赛。革命竞赛可是抗大一直备受推崇的活动，是在一定期间内，由教员领导组织的关于学习或生活的比赛，小到小组内部比赛，大到队与队之间的竞赛，评判方式有很多，但最通用的就是在一张白纸上画好飞机、火车、汽车、脚踏车、洋车、木板车、乌龟等，表现最好的个人或小组坐飞机，依次顺延，当然数量也不是绝对的，可以多人一起坐飞机，也可以多人一起当乌龟，这种方式在很大程度上激励了学员的上进心。

打靶训练的革命竞赛呼声越来越高，打靶成绩超过以往的最高纪录者会被称为新的“神枪手”，自己的成绩成为别人努力的目标，又可以获得坐“大飞机”的特权，这样的殊荣谁不想要？炎热的下午，打靶小组一轮接着一轮，上一轮打靶的学员会将自己的经验告诉下一轮的学员以期获得更好的成绩。烈日下，每一位学员都如定格一般握枪、瞄准，每个人内心都希望自己成为唯一的神枪手，这种紧张和认真仿佛让空气凝固，汗水顺着左脸颊紧绷的肌肉纹路流下，落入泥土，掷地有声。

“砰！”一个三十环成绩的靶子吸引了全场的目光，学员好像一时没反应过来，惊愕之后，欢呼声响彻整个操场，学员把“神枪手”大老黑当民族英雄一样捧着，欢呼声、喝彩声持续不断，好像自己得了神枪手似的。“打倒日本帝国主义！”“坐大飞机！”“子弹消灭敌人！”可就当他们还没有庆祝完毕，敌情号声又吹响，所有人又迅速进入了战备状态。

抗大就是这样，训练即战斗，战斗即训练，残酷的现实容不得人有丝毫喘息，一颗颗尚未成熟的心早已在炮火和侵略中被锻造得如钢铁般坚硬，不怕困难，也没有困难可以打垮他们，这是抗大给每一位学员的精神启迪。每时每刻的紧张，毫不松懈的训练，自由之路，时刻准备着！

⊙ 张露

夜空中最亮的星

在现代化的今天，即使有监控设备，我们仍然能在天安门广场、各军队驻地看到军人站岗的身影，无论白天黑夜、雨雪风霜。他们挺拔的身姿和坚定的眼神，永远给人民以无限安全感。其实，站岗的传统，从抗大时期就已经有了。

而对于站岗的战士来说，最难熬的无疑是夜里站岗。在身体最需要休息的时候，这些年轻的战士仍要打起十分的精神，注意周围的一草一木，及时作出反应。

抗大教职员徽章

一片鳞云，筛出了几颗流星，相映溪流呜咽呜。

是谁弹奏起这一阕乡曲，四周里低吟着断续的秋蛩。

远处一点孤灯，像一点流萤。

明灭在有无中，画出了无涯的黑暗，也画出了山影重重。

你可敬的岗兵，手把着枪托，挺立在路口，面对着西风……①

① 引自《军歌简史》–《战略视角》。

这是抗大学员公木[1]在抗大学习时深夜站岗放哨的一点儿感受，诗的名字叫《子夜岗兵颂》，登在了当时的连队墙报上。“你可敬的岗兵，手把着枪托，挺立在路口，面对着西风……”这真实地反映出了抗大学员的月夜哨岗生活。

站住，口令！

这个响亮的喊声，当你在夜间行经抗大的任何一所分校时，都能听得到。如果你不是军人，答不出口令，只回答一声：“老百姓！”枪口马上会对准你的身体。“干什么的？有没有路条（即通行证）？”然后还要仔仔细细检查一遍才能放行。这样的严格，没有哪个汉奸能够逃得了法网。他们像保卫国土一样地保卫抗大，不让一个歹人混进校门。这些负责任的卫士们，正是抗大的学生。

虽然不是直接、正面地面对敌人，但他们在战争的环境中，也一直在学习运用斗争的方式及练习斗争的技巧。凡是对抗日有利的，他们都要学会并熟练地运用。他们把“夜哨”的任务担任起来，准备毕业后将所学运用到前线的斗争当中去，去应付狡猾的敌人。

在抗日战争期间，抗大先后培养了20多万军政干部，其中有身经百战、统率千军万马的八路军、新四军将领和各级指挥员，也有深入敌后带领群众开展斗争的各级干部，他们对抗日战争和解放战争的胜利，都作出了重大的贡献。这与抗大学员的斗争精神是分不开的。

夜已深。街上异常的寂静，连微风拂过树梢的声音都变得清晰起来。月亮那么皎洁，像被冷水洗过一样，清清冷冷地挂在山上。眺望远处，隐约能够看出残垣的堡垒和颓败的城墙。远处的犬吠声中，偶尔夹杂着战马的长嘶。一切好像是暴风雨前夕的静谧。[2]

---

① 原名张永年，又名张松甫，现名张松如，笔名有公木、木农等。著名诗人、教授。1910年生于直隶束鹿（今河北辛集）。1928年春，入北平师范大学学习。北平师范大学肄业。1930年春，参加中国共产主义青年团，从事“左联”“中国社会科学联盟”及“左翼教师联盟”工作。1938年秋加入中国共产党。1929年开始发表作品。1949年加入中国作家协会。1938年到延安，历任抗大教员、军委直属队政治部文艺室主任、鲁艺文学院教员，《部队文艺》主编。

② 引自《抗大动态》1939.8.

没有表，就焚香计时

抗大不管白天、黑夜都需要站岗。在战火纷飞的特殊年代，抗大的学生轮流站岗，白天不能耽误正常的理论学习和军事训练，他们就夜晚出来。那个年代，军队的生活非常艰苦，据抗大老战士回忆说："每天黑来（黑夜）站岗放哨，那个时候没有表啊，是烧香，以烧香为准，一炷香大概是一个钟头，两炷香就得换一次班，就在大庙周边的路上黑夜站岗。有时候还得伏地听听，听听有脚步声没有，瞧瞧鬼子来了没有。"①

除了站岗，学员还要放流动哨，一个人持枪在村子里巡逻，这种情况需要学员特别注意，因为有可能被敌人"摸哨"，被敌人袭击。

另据抗大老战士黄实女士介绍，抗大的夜晚，除了站岗，学员还经常要进行紧急集合训练，每周至少一两次。因此女生队吃饭时间限制在十分钟之内，到时间，值日区队长一吹哨，立即整队集合。这一切都是为适应战争环境，以防敌人的突袭。②

只有一支步枪，学员就用棍子装出扛步枪的样子

从抗大走出的开国大将刘亚楼③曾经有句名言："就是坐在蒸笼上也要保持中国军人的风度。"这句话用以告诫士兵，军人要有军人的姿态。而在抗战的艰苦时期，抗大学员面对物资紧缺的现实，依然保持了军人应有的姿态。

在抗大，学员除了常规的夜晚站岗，行军途中还会遇到流动哨岗。据抗大老兵刘捷回忆，当时队伍行军到达同蒲线，日军突然开始增兵，对他们进行封锁。于是，队伍临时改变线路，绕道而行。到了晚上，每个班四五十个学员，只有一支步枪，用于晚上站岗用。这时候，其他学员为了吓唬沿途的伪军，会

---

① 引自《我听重温故地的抗大女学员讲当年的事》.（来源：人民网）http://news.163.com/15/0928/10/B4JHGJUJ00014JB6.html.

② 程纪元:《母亲的抗大生活》. 文汇报。

③ 刘亚楼，原名刘振东，1910 年 3 月 12 日出生于福建省武平县，中国人民解放军空军上将，第一、二、三届国防委员会委员，第一届全国人民代表大会代表，中国共产党第八届中央委员。

拿一根棍子背在身上，装作扛步枪的样子。[①]

抗大老兵宋兆宜回忆了自己在1939年回延安的行军夜晚，放流动哨的情景：队长命令我去放流动哨，并告诉我当夜的口令，大约在23时就上岗哨了。这一夜哪是放哨呀，简直是时刻在和“瞌睡虫”打交道，累困无法控制，稍停住一下就睡着了。突然听到街道上有声音，我大声问口令，对方回答后，反问我：“哪部分的？”我回答说：“独立大队的！”天黑看不见人，只听对方喊：“赶紧撤退，敌人就在我们后面。”我快速报告了值勤班，全大队连夜又撤回到山西与河北交界处的石嘴镇。这天正巧是1938年中秋节。[②]

夜空中最亮的星

对于军人来说，夜晚站岗能够锻炼意志、训练反应能力；而对于老百姓来说，夜晚有军人在才能睡得安稳。在那个战火纷飞的年代，照亮百姓黑暗夜晚的，正是他们，他们才是燃起新中国希望的最亮的星。

在抗日战争期间，抗大先后培养了20多万军政干部，其中包含了新中国的7名元帅，8位大将，26位开国上将，当然其中也不乏为新中国的解放事业献出生命的军人们。他们为中国的革命事业作出的贡献，当为后世铭记，千秋万代。

⊙ 吴迪

① 抗战老战士刘捷：抗大生活苦中有乐（来源：南方都市报）.
② 《我在“抗大”的峥嵘岁月》. 保定日报 2012.8.14.

信念筑起的流动长城

由于日军的重重封锁和袭击，抗大从成立之日起，就面临着随时需要迁校、行军的考验。

抗大第一课：长途行军

“从现在起，你们就是抗大学员了，今天是抗日军政大学的第一课，内容是长途行军……”接着大队长沙科一声令下，“立正，向左转，成一行纵队！目标革命圣地延安，前进！”抗大老兵宋兆宜回忆，他进入抗大的第一课就是所在大队近300人的长途行军，而目的地则是革命圣地延安。“这第一课的学生，就是我们这个大队的近300人；班长，就是大队长沙科同志；课堂，就是高山大川；学习内容，就是残酷的战争。”

在行军中，经历最多的是与各种困难斗、与敌人斗，培养勇敢、坚强、百折不回、不怕牺牲的精神。在这次的行军路上，让年轻战士记忆深刻的就是困和苦。由于长时间跋涉，战士们的脚上纷纷起了泡，但是没有一个人出来喊累。而夜晚的流动哨岗，战士们还要与困倦做斗争。

除此之外，他们还要忍受饥饿和寒冷。“从老家到延安，我们用了整整3个月的时间，背着炒面和小米走过来。有一次渴极了，我们正走到铁路边，就听到哗哗的响声，好像天降甘露。有水了，部队停下来，想接水但没有盛水的容器，怎么办？有人突然发现了敌人丢下的汽油桶，不管干净不干净，有没有汽

向敌后抗日根据地进发的抗大学生

油味，就用它打上来一桶，大家抢着喝。我个子小，挤不进去，就在人群的腿缝中，将铁缸子伸过去盛水，手臂被汽油桶边的铁皮划了一个大口子，鲜血直流，我忍着疼痛，喝下了这血与水的混合物。啊，真解渴！”抗大老兵宋兆宜回忆道。①

迁回陕北：漫漫艰辛之旅

1942 年，日军对华北抗日根据地进行猛烈的炮火攻击，为期四年的敌后办学终究在 1943 年初难以维持下去，中共中央决定，包括总校在内的抗大所有分校迁回陕北，抗大老战士和尚未成年的小战士开始了充满艰险的漫漫征途。

敌人五里地一个哨岗，鲜血染红周围的泥土

据抗大老战士曹桂芬讲，当时的学员回陕西首先要经过的是平汉铁路和同蒲铁路。日本人严格把守平汉铁路，五里地设一个哨岗，在铁路周围都是日本人设置的电网、壕沟等障碍，行军的战士们要时刻保持高度警惕，一旦暴露日本人的枪子儿就会直奔过来。有一次行军暴露，日本人开着车大批驶向学员，小学员吓得叫出来，敌人的炮弹直击行军队伍，造成了战士们的伤亡，鲜血染红了周围的泥土。队员混在炮弹和犬吠的嘈杂声中，纵使万般心痛于同伴的牺

① 《我在“抗大”的峥嵘岁月》. 保定日报 2012.8.14.

牲，也只能扛枪继续奔跑前进，对于缺乏真正实战经验的小学员，这种恐惧和绝望感在尚且稚嫩的心中留下深深的烙印。

踏过终年积雪的摩天岭，每一步都是希望

位于吕梁山脉的摩天岭是学员必经的一段路程，这段行军路程的苦让老战士至今都难以忘记。一百九十公里的路程，在终年积雪的摩天岭上，寒冷和空气稀薄逼迫着他们不能休息，一天一夜的行走，每个队都不断地有人冻死、病死、累死，大家团结一致竭尽全力拉着体力不支、身体病痛的同学，但却仍然无力回天。抗大老战士闫海英为收容队队长，同队的一名学员由于体力不支倒在积雪里，闫海英用尽全身力气将同队学员背起前行，即便如此，这位学员的身体还是从热到凉，在此牺牲了。翻过摩天岭后，大家才有精力集合，才看清楚到底是谁永远地离开了队列。在摩天岭留下的血和泪成为剩下的学员勇敢前行的基石，每走一步都是心痛，但每走一步也都是希望，是带着牺牲的战友的希望。

保持高度组织性，一路边走边唱

行军线上，学员走十多公里休息一次，或是走多半天休息一次，虽然在漫漫路途中，时常遇到糟糕天气，经常会资源匮乏，还伴随着敌人的种种封锁，环境十分恶劣，但是行军队伍仍然具备高度的组织性和纪律性，炊事班、教员、通信员、宣传员、收容队一样不少，各司其职。学员在行军路上还是会保持在学校内的习惯，边走边唱，从校歌唱到情歌，只要有旋律，什么歌都可以轻松驾驭。美妙的歌声萦绕在每一位行军学员的耳畔，一些不会唱歌的学员也都在带动下轻声地哼唱起来，仿佛在歌声响起的这一刻，他们忘掉了一切烦恼，摆脱了一切疲惫。这不禁让他们想起了从前，也曾在学校的带领下有过大队伍的组织前进，也曾高唱过歌曲，只是不曾体会过的是，这一秒是旋律，下一秒就是战争的残酷现实。

抗大的教育一直都是无限制的教育，无校园限制，无环境限制，无领导学员的限制，即使在行军中，抗大的教学也无时无刻不在进行，教员会按部就班

地讲政治课、军事课。在休息的树荫下，在每晚的扎营休息之前，教员总会把学员聚集在一起，给大家发起一个讨论的题目，大家以班级为单位热烈地开展学习讨论会。抗大的学员在任何时刻都铭记八字校训——团结、紧张、活泼、严肃，对于教育，他们不会因为条件的恶劣而松懈，而是争分夺秒，不浪费时间。当然，这每日每夜的实践，从来不只是口头上的宣言。

爱国信念筑起永不倒的长城

延安苦，行军苦，但就是在这样艰苦的环境中，抗大学子依然坚守，在行军中与敌人斗智斗勇，不惧牺牲、不畏死亡；在行军中保持乐观，一路走一路唱，苦中作乐。他们靠的是内心坚定的信念，他们深知中华民族正处于危难之际，中国人民正处于危亡之时，“天下兴亡，匹夫有责”，他们怀着崇高的革命精神，誓要拯救中国，实现民族独立。这正是抗大精神，这是每一位抗大学子内心坚定的信念。

朱德总司令在为纪念抗大创办五周年的题词中写道：“号召千万青年，走上革命战场，高举抗大旗帜，插遍整个中国。”抗大造就的每一名抗日干部，都抱着坚定的政治信念，那便是一定要打倒日本帝国主义。这是一种为着全民族解放，反对投降、抗战到底的坚定爱国主义信念，这种伟大的爱国主义精神是抗大精神之魂，它凝聚起一切力量，坚定了抗战必胜的信念，正是这份信念筑起了永不倒的坚固长城，不断推动中国革命走向胜利。

⊙ 张露

思想：岁月如风，思想永恒

岁月几回眸，组织在心中

傍晚时分夜风微凉，灯光照在那本斑驳的抗大历史资料之上，于黑暗之中形成一道特别的微亮。曾经的抗大师生，在陕北大地之上，用心中的信仰，建立起微渺的希望，用汗水日夜浇灌，使希望日益强壮。组织思想一如冬日中的暖阳，肯定了决意培养人才的抗大不只是一时的逞强，并给予它永久的支持和不灭的梦想，给予它一种与艰难对抗的方式，给予它在特殊年代生生不灭的希望。

> “中国人民抗日军政大学，简称‘抗大’，是在抗日战争时期，由中共共产党创办的培养军事和政治干部的学校。”

书中的一行这样写道，于一瞬间，似是恍惚地回到了国家动荡的历史时期，似是回到了那个满怀着激情理想的红色年代。时光总是走得太快，从 20 世纪 30 年代到现在，近百年的光阴缓缓流淌，却从未磨灭抗大的思想，在这段简单的定义背后，承载着抗大 9 年艰苦卓绝的努力，承载着中国人在特殊年代的信仰，包含着中国共产党人为驱逐日寇而作出的伟大开创。

从 1936 年到 1945 年，9 年的时间，抗大从无到有，各个组织部分不断地走向完善，并形成了具有战争年代特色的抗大组织思想。在战火纷飞的特殊年代里，抗大校在后方，然而抗大人心在前线，抗大以独具特色的办学目标，不断地培养出多期出色的军事干部，为中国抗日战争的胜利提供了军事素养过硬、信仰足够坚定、心有家国大义的战士。站在当下，渐次回眸 20 世纪三四十年代的那段时光，回顾中国人民抗日军政大学的点滴画面，便会发现，其有条理的组织思想，包括机构架构、教员分配、教址选择等，皆体现出了其在特殊年代，从无处立、于窄处行、于困境中开创的精神。而这种有序的组织思想为学校的日常办学提供了基础和力量。抗日军政大学是名副其实的红色圣地，是特殊年代一代代共产党人成长的精神摇篮，更是中国历史深处摇曳的永远鲜亮的红色。

多方融通，均衡互动

中国抗日军政大学的组织思想不是一蹴而就的，而是中共领导人在不断地摸索中，理论联系实际，因时制宜、扬旧寻新间不断形成的。因而，抗大的组织思想符合时代的形势和红军的基本情况，具有极其鲜明的时代性。毛泽东曾在讲话中说道，“第一次大革命有一个黄埔军校，它的学生成为当时革命的主导力量，领导了北伐成功。但到现在它的革命任务还未完成。我们红大就要继承黄埔精神，要完成黄埔未完成的任务，争取民族的独立解放”。

早在中国抗日军政大学前身中国红军学校时期，便已经奠定了抗大日后的组织思想。其中，罗瑞卿在 1938 年 6 月编订了《抗大组织条令》，并在其中规定了抗大的性质和任务，以及教育方法、课程设置等方面的内容，使抗大的工作有章可循。

在《抗大誓约》以及《组织条令》中明确地规定了“团结、紧张、严肃、活泼”的八字校训，从八字校训中可以一窥彼时的中国抗日军政大学不是仅专注于学习，而是注重培养学生多方面的综合素质。故而如何做到军事和政治同步发展，如何做到理论和实际交汇互通，如何做到学习和生活有机协调，便成为抗大组织思想中的核心。

抗大之意义和价值绝不仅仅在于它是中国共产党独立办学的培养军事人才的机构，更在于它寄托了中共在特殊年代的希望。故而在学校成立之时，从校长、副校长到教育委员会主席和训练部长乃至校务部长皆是时任的中共高层领导，足以看出中共开办抗大的决心和诚意。在特殊的年代，抗大意识到了革命的胜利需要社会各个阶层人的共同努力，因而，在学员招生方面，勇于打破既有的限制，不仅招收中国工农红军中高级干部，也放低门槛，扩展至陕甘宁边区奔赴延安的爱国青年。正是抗大融通多方的组织思想，才使其可以进行不拘一格的学员招生，不断地丰富学员的层次，为学员的培养提供了多种可能性。

与此同时，学校还成立了教育委员会和政治部、训练部、校务部，多部门联合对学生进行培养训练，并保证学生的校园生活多姿多彩。政治部负责日常的政治学习任务，包括制定课程、安排教师授课、协同教师组织学生的课下讨论、进行日常的思想传达和时政研讨等；而训练部则负责学习之外的学员作战能力训练，使他们掌握基本的军事知识，通过研习实战案例总结经验，并多次开展各种学生拉练活动，在军事拉练中锻炼学生的身体与意志；校务部则负责学生在学习之余的各项课外活动，如开展各类的文艺晚会、朗诵活动，以使学员在学习之余放松身心，享受校园生活。

抗大的校园坐落于浑厚的黄土地上，校园之中随处可见步履匆匆的中共中央领导，在这里他们又多了一重身份——抗大教师。抗大组织起了一切可以组织的力量，中共领导是彼时眼界最为开阔，最了解战争情况的人，他们在课堂上将自己的所思所想所感传授给求知若渴的学员，给予他们开阔的思维和洞察时事的目光。彼时，毛泽东曾在抗大的讲堂上讲述中国革命战争的战略问题，

抗大的学员在日常操练

据记载，毛泽东讲授问题深入浅出，因而颇得学生喜爱，使学员提升了长远的战略眼光，并对当前的战略布局有所思考；何克全和吴亮平讲授政治经济学课程，使学生了解一切问题的深层本质，及政治和经济不可分离的关系；杨尚昆讲授各国论，使学生在抗大的小小教室之中，放眼世界，了解当前的世界各国概况；张闻天讲授中国革命的基本问题，使抗大学员了解革命的原因和真正的本质；博古则讲授联共（布）党史和辩证唯物主义，这也是我党思想的理论来源和精华所在。丰富且全面的理论课程，开阔了学员的视野，增加了学员的知识储备能力，提升了学员的理论素养。而理论知识的建设只是抗大组织思想指导下的一部分课程，抗大同样重视实际训练，在日常的实际操演中锻炼学员的应变能力，培养他们不怕苦、不怕难的精神品质。

抗大的学期一般为一年，在一年的时间里必须给予学员足够多的知识养分，使其适宜战争需求，故而，抗大开辟了一条适宜彼时情况的新的思路，即“边打仗边学，在战争中学习战争”的组织思想新路。第三期开始，抗大成立了专门进行军事训练的训练队，从学员第一天入校开始，便锻炼他们的军事生活作风。抗大曾组织学员进行行军，延安城北关外的学员，背上行囊，吹起号子，唱响军歌，在行军路上感受战场气氛，锻炼意志。

抗大绝不是一个仅仅致力于学习的学校，校方同样关注学员的课余生活，因此在其组织思想中另一个重要的部分便是经常开办各类的活动，使学生劳逸结合，不断地丰富学生在课堂之外的生活。

抗大学员经常去观看学校组织的各类晚会，晚会的内容不外乎歌曲、舞蹈、快板、小品等。而学校经常在晚会的各类节目中融入对于当前形势的映射，使学员在娱乐和休闲中学习。通过歌舞形式传达出的知识信息更加清晰易懂，因而深得学员喜爱，得到一致的好评。

抗大的组织思想深切地结合了实际情况，在彼时国内抗战风起云涌的特殊时期，一代代的抗大学员得以在抗大校园中凝神谛听国家的声音，了解当前国家形势，同时修养身心，提升自我。时代风雨飘摇而抗大的校园中始终是平和而温暖的，抗大的各科目融合及均衡互动的组织思想，使得抗大得以逐渐地形成自身的办学特色，使得抗大可以培养出一批批优秀的共产主义战士，也使得各个阶层的爱国青年皆可通过抗大学习达成所愿、报效国家。

时光匆匆，流水淙淙，抗大的精神始终熔铸在中国抗战的历史当中，而凝结在抗大精神中的组织思想，在后世看来仍旧历久弥新，极具现实价值和意义。在特殊的历史年代，抗大组织思想的另一个重要内容便是在困难面前不放弃，在压力面前不退缩，利用一切可以利用的现有资源展开教学活动，显示出中国共产党一以贯之的风骨。

艰难不惧，中共风骨

艰难是抗大办校初期的关键词之一。20 世纪 30 年代的中国处于内忧外患的复杂境地，国内局势瞬息万变，战争带来杀戮和死亡的同时，也使得家园被毁，人民流离失所，经济停滞，国家瘫痪。抗大便是在这样的艰苦环境中建立起来的。彼时的中共深刻意识到了抗大的建立对于国内战争的积极意义，故而，利用一切可以利用的资源，发动一切可以发动的社会力量，在艰难困苦中组织着抗大，从无到有，从弱到强。

1936 年，著名的记者埃德加 · 斯诺到过抗大，他在《红星照耀中国》中曾写道，“这样的‘高等学府’，全世界恐怕只有这么一家”。在全面抗战爆发之后，中国的知识分子将延安作为中国革命的希望，纷纷奔赴延安，彼时的抗大仍处于一无所有的境况，抗大学员尚未入学，便要和艰苦的环境做抗争，开始为他们学校的建设而对自然施以改造。

艰苦奋斗建校舍——抗大学员参加窑洞劳动

抗大学员建成的窑洞

广阔的陕北大地，山岭纵横，黄土漫天。抗大彼时已招收学生1000有余，校舍问题是抗大面临的第一个挑战。经过实地的调查和走访，抗大负责领导决定因地制宜，根据陕北地区黄土地和山岭纵横的地形，效仿当地百姓的住所开凿窑洞作为教室和校舍。于是在有序的组织之下，抗大教职人员一起进行窑洞的开掘。艰苦奋斗建校舍成了抗大历史上闪亮的一笔，这段历史不仅记录了抗大人改造自然、于艰难之中办校的不服输的精神，也再次告诉世人彼时的办校之难。抗大师生动手挖窑洞，制桌椅，担黄土，铺泥路。窑洞里面土制的锅台、桌子、椅子应有尽有，洞口安上门窗，一间间崭新的教室便诞生在陕北大地上。也正是陕北黄土地上的这一间间简陋教室，成为爱国知识分子汲取营养的寄身处。从这里走出的一位位抗战英雄人物，谱写出了抗战历史上不朽的华章。

当时的抗大挖建的校舍之外山岭纵横，山路崎岖，出行不便。除开挖窑洞之外，抗大教职人员还动手修建了长达3000米的盘山公路，公路如玉带一样装点着大山，往下看去，新建的窑洞整整齐齐，焕发着生机和活力。

初期的一穷二白，中期的繁荣发展，后期的被历史铭记。抗大的记忆属于全体中国人。在抗大的组织思想中，“克服艰难”可以说是重要的一笔。若干年前的中国陕北大地，蜿蜒陡峭、纵横交错的山岭之上，一个个穿着粗布衣服的学生，用本应执笔拿枪的手，拿起铁锹和扁担，挖洞担土，清理石头，修平院落。傍晚时分他们一起唱着歌，晚上的灯光星星点点，映照着他们读书时的认真眼眸。他们从书上学习知识，后人则从他们的身上学到特殊时期的抗大精神。

窑洞充当了教室，然而那时，抗大物资十分的缺少，因为抗大所在的地区没有造纸厂，故而作为书写使用的纸张更是紧缺至极，抗大从教师到学生每人只能每月领用五张用纸。这五张纸十分珍贵，用完之后，只能用沙盘代替，或是以土地为纸张，在地上写字。彼时的抗大教师与中共领导一样，每月薪资 5 元，资深教授 10 元，在如此艰难的环境下，中共依旧表现出了对于知识的尊重，对于学者的敬仰。

只是，苦难并未压倒抗大，反而催生了教师和学员的信心。毛泽东曾这样总结："我们这里要教员，没有；要房子，没有；要教材，没有；要经费，没有。怎么办？就是要艰苦奋斗。"

在如此艰苦的学习生活环境中，抗大领导和教师还是紧紧地依照办学理念，组织学生学习，参加课外活动，劳逸结合，使学员在苦难面前不退缩，在艰难面前不畏惧，迎难直上，跨越险阻。艰难的环境和物资的紧缺并没有磨灭教师和学员的斗志，反倒给了他们从另一面观察国家的机会。他们明白了，只有组织大家团结起来，奔着同一个目标努力，向着同一个方向奔跑，才能早日实现心中所愿，使战争结束，使流离失所的中国人民重归家园，使已经饱受战火摧残的中国大地早日恢复原状。

艰苦奋斗是抗大组织思想中的重要一项，且经历时光冲洗依旧熠熠生辉，抗大领导与教师是思想家，也是行动派，抗大学生正是在这样的影响之下，渐渐地学会了将一切苦难转化为动力，将一切苦难当作成长路上的历练，在这样的环境浸染中所形成的抗大精神，又持续不断地给其组织思想提供理论和实践的支持。

在那充满了苦难的岁月里，却有一批人在抗大组织思想的感染下率先参与校园建设。前人栽树后人乘凉，抗大组织思想中艰苦奋斗、消灭困难的精神，始终如春雨一般洗刷着抗大校园中升起的红旗，并使其历久弥新。不惧于苦难，不忧于未来，满怀理想信念，成为在抗大组织思想中的另一个方面。

勇者不惑，智者无忧

抗大是中国革命的红色熔炉，是战争年代无数青年的理想天堂。抗大的组织思想是最为干练的艺术，总的来说，抗大始终围绕着抗日救国进行政治上的组织，动员一切可以动员且有意向参加革命的群众；艰苦奋斗，玉汝于成，靠道理服人而不以强权压人；实事求是，讲明前途光明，但是道路曲折。正是在这样的组织思想的指引下，一代代的抗大人得以在不断地摸索中前进。

抗大建立之初的重要任务便是抗日救国，故而，在抗大的组织之中，一直将抗日救亡作为活动的主线，这又使每一个学员都明白了战争的源起、为何打仗以及打仗与每一个学员之间的密切关系。从大局及整体出发动员组织一切学员，也符合唯物辩证法中的整体和局部的辩证关系，也正是因为这种教育，使得学员更加明白自身所应当担负的历史使命，使得每一个学员都更加坚定、更加努力。

抗大组织思想中的另一个重点便是教师与学生可以平等对话，依靠知识说服而不是武力压迫使学员信服。在抗大课堂之上对于当前局势的分析，无异于给身处后方的学员时刻敲响警钟，叫他们知道这里寂静的黎明在战场上可能正是硝烟四起；这里他们可以在教室之中聆听知识，而在战场之上可能无数人正在近身厮杀，只为夺下一个小小的据点。教师和学生平等的交流和对话更能够促成知识和思想的直接传递和交流，这提升了学员的问题意识和紧张意识，同时，经过教师和学生之间的讨论对话，可以碰撞出更多切合实际的火花，对于学生思想素养的提升大有助益。

此外，日常的学习和交流也使学员明白了抗日战争的前途是光明的，但是道路可能稍显曲折。一方面，这坚定了学员的信心，使他们心中的希望之火越燃越旺，另一方面，也使得他们具备更好的心理承受能力，做到胜败不起波澜。

抗大是一段业已过去历史，但同时更是一段值得珍藏的记忆。时间不会忘记，在很多年前的中华大地上有那样的一群人怀揣家国大义，为了理想和中国全民族的幸福而奉献自己，在艰难困苦的环境前不轻言放弃。抗大的从无到有经历了诸多：敌人的虎视眈眈，初建时的一穷二白，建设时改造自然为我所

抗大的旗帜在飘扬

用……当经过时间的沉淀后岁月再回眸，正是抗大正确的组织思想在暗暗地发挥着作用，在多方融通的基础上教学授课，在困难面前始终乐观顽强、实事求是，敢于学习和勇于开拓，凝结成了调动一切力量、融合科学知识、团结友爱互助的抗大组织精神，才使得一批批爱国的仁人志士得以经过抗大的洗练走向真正的战场，为中华民族的解放和抗战的全面胜利贡献力量。

勇者不惑，智者不忧。那些曾致力于抗大建设和受教于抗大的人们的实际行动，便是抗大组织思想的深切表现。华灯一世梦，明月百年心，当逝去的岁月被时光一点点地碾碎，却留下了漫天的星辰，穿越将近百年，在夜空之中闪闪发亮；当逝去的岁月被时光一点点搁置，却留下了不变的信仰，精神传承至当世，必将不忘先辈步伐。

抗大是永远的抗大，抗大思想将永记于寰宇之中，四海不忘，八荒共彰。

⊙ 马海洋

一颗红心卫家国，信念是星星之火

自1931年日本发动“九一八”事变，东北三省沦陷以来，到1932年日军制造“一·二八”事变，向上海发动进攻，再到1933年1月日本向华北步步逼近，阴谋侵占华北进而吞并全中国，中国就已经真正到了山河破碎、家国危亡的境地。再加上国民党“不抵抗主义”的卖国政策和“攘外必先安内”的反动方针，使中国彻底陷入内外交加、水深火热的绝境之中。“国破山河在，城春草木深。感时花溅泪，恨别鸟惊心”。这首杜甫的诗想必最是当时青年的心境写照，“痛”与“该做些什么”成为无数青年的哈姆雷特式难题：要么生存，要么毁灭！而抗日军政大学就像是一面飘扬在炮火中的旗帜，指引着无数热血青年奔赴延安，为他们指明了前进的方向。

从第一期到第八期，面临无数艰难险阻的抗大，依然吸引了全国各地的有志青年蜂拥而来。在如此艰苦的条件之下抗大却培养出了无数品学兼优、真才实干的军政干部，为抗日战场及时输送了新鲜血液，为抗日战争的胜利作出了不可磨灭的贡献。而这靠的就是无数颗保家卫国的赤胆忠心，是他们的信念成就了星星之火，使抗大精神终得燎原之势。

国破山河，烽火家书抵万金

“烽火连三月，家书抵万金。白头搔更短，浑欲不胜簪。”历朝历代，杜甫的诗让多少人感动不已。在战火纷飞的年代，一封家书的出现确能让人潸然泪下。抗日战争中的一封封家书，都凝结着作者的赤子真心，不论是热血男儿的沙场绝笔、父母担忧的叮咛，还是兄弟之间的互相鼓舞、爱人彼此的款款深情，都充斥着战火无情、行行是泪的真情。然而，却有这样一封特殊家书，是女儿写给父母的请谅书，它的主人是一名进步的女子——抗日军政大学第二期第四大队女生区队学员，韩雅兰。

亲爱的父亲、母亲：

儿过去曾寄过几次信给大人，想早赐阅矣。但至今未见大人的训示，想大人必因儿不告而走之故怪罪于儿，生气不理了，所以儿对此点终不能安心。

最近有友从西安来此，听说父亲和母亲对儿之走很觉伤心，祖母恐怕更难过。儿听了也万分凄惨。大人平时最知儿之心情，也最疼爱儿的，这点早已深知，同时也是儿以往对家庭留恋的主要原因之一。当那年玉妹被捕之事发生，大人连年节都不过了，星夜地赶到上海，为她设法，使儿等更感到父母爱儿女之心太迫切了。那时父亲回家后，曾给儿一信。嘱咐儿应安心读书，不要像玉妹一样叫大人担心睡不着。那时儿接读信后，难过了几天，想想我们真有点对不住父母之爱。此后儿是时刻都不会忘记父亲痛心的话。然而儿不愿做个时代的落伍者，不愿落人后，同时又被感情支配着，这种痛苦大人是不会了解的，谁料前年又遭受圣域这样的侮辱。为了不让大人难过，为了孩子的问题，忍耐一切痛苦到现在。但是从那时起，儿已认清自己应走的正大光明的道路，更认清一个女子不应只靠一个丈夫。若完全依靠丈夫，会落得求生不能求死不得的苦境。亲爱的慈祥的父亲母亲，假如儿没有大人的疼爱和体贴，假如没有求得一点不受人欺辱的知识，那儿现在也只有死路一条了。圣域他固然给了我苦头吃，然而他也在毁灭他自己。儿想，他所受的损失或者比儿还要大呢。儿已受够了痛苦，人不能就这样消沉下去，自己毁灭自己。儿要为改造不合理的社会而奋斗，为后来女子求幸福，也要和男人一样为国家民族求解放，做一点有意义的事业，总比被人家气死有价值得多。这就是儿此次来延安的主要原因，请大人想想，章乃器、沈钧儒他们都起来挽救国家，儿受家庭、社会的养育一场，怎能坐视不管？所以儿决定来此学习一点真实学问，去应社会，求中国民族解放的方法。

大人爱儿也必知儿之性，对任何事，决不会轻举妄动，儿都经过长期的考虑。这次到三原晓得了此地招生的事，儿曾经仔细地考虑过才决定走的。因为时间的关系，不能回西安面商于大人。想大人看现在全国人民抗日的热情，也许不再生儿之气。总之，儿不是不懂事的，盲目地瞎跟人跑的，跟人说的，儿现在所走的爱国的路，想必能得到社会人士的谅解。恳祈大人恕儿不告之罪，而仍以从前的爱儿之心来爱儿，则儿幸甚。

这里的物质生活比外面苦些，但精神方面则比外面快乐得多。什么话都可讲，很自由很坦白。凡是到这里来参观的没有不对这里发生好感的。前天来了两位大学教授，同时也是《申报》周刊编辑，他们来参观的结果，印象非常得好，今天已经走了。最近从外边来此地参观的人非常多。

学校对于学习方面，教员讲得很好，同时很注重研究性质，学生能充分发挥自己的意见，儿觉得在这里学习几个月比在外边学校几年得到的益处都要多。

由西安来的学生很多，各地都有，赵师长的孩子都在这里，好些熟人，所以请大人放心。不要以为儿做的不对。这么多人和儿做的一样，此地的女生已有三四十人。

敬祝

健安

漂泊的女儿　敬禀

4.18

韩雅兰，1905 年生于陕西省蒲城县，家庭条件优越，大革命期间参加中国共产党。1936 年 6 月，她从复旦大学毕业，同年秋由上海返回西安，在西安女子中学教书，并于 1936 年底，瞒着父母赴延安参加抗日军政大学第二期学习。她没有向父母说明缘由，也许是怕父母担忧，也许是怕父母反对，但这并没有成为阻挡她只身加入抗大的理由。她怕老人生气，故于 1937 年 4 月 18 日，写下这样一封家书，详细讲述自己前往延安的缘由以及在抗大的情况，以祈求父母谅解，这就是这封家书的由来。

作为那个时代的女性，韩雅兰无疑是做出了巨大的斗争，她忍受着对父母、对孩子、对家庭深深的愧疚之情和思念之情，承受着丈夫的纳妾之痛，毅然决然地走在时代的最前沿，走向抗战的最前线。正如信中所说："这种痛苦大人是不会了解的。"

抗大的条件相当艰苦，但是在民族危亡之际，一个女性却排除万难，不顾一切来到这里，这种精神不仅在当时，也让后人感到敬佩。虽然有很多人不会理解她，但是对她来说，"儿要为改造不合理的社会而奋斗，为后来女子求幸福，也要和男人一样为国家民族求解放，做一点有意义的事业"，这就是她的追求，也是无数像她一样毫不犹豫投入抗大怀抱的热血青年的时代追求，是寻求民族解放、保家卫国的信念让他们投身抗大，正如她自己所说，"儿已认清自己应走的正大光明的道路"。

整封信弥漫着韩雅兰对父母的愧疚与自责，其中包含作为女儿不能让父母安心的难过之感，希望父母恕儿不告之罪的恳切之意，还有向父母表理想吐衷肠的倾诉之情。活脱脱将那个时代承受痛苦的思想斗争，却有着坚定信念，为挽救民族和国家，舍小痛成大义，毅然奔赴延安投身抗大的热血青年形象重现在我们眼前。韩雅兰是一代抗大青年的缩影，更是那个时代先进女性的代表。

1937 年全面抗战爆发，韩雅兰奉党的指示在西安开展地下工作，参加陕西妇女抗日救亡运动，于 1943 年 6 月病逝，终年 38 岁。

山河破碎之际，国家危难之时，她用一腔热血和年轻的生命奉献国家，她，他们就是抗大精神！

艰难困苦，拒做时代落伍者

《西行漫记》中这样描述抗大："以窑洞为教室，石头砖块为桌椅，石灰泥土糊的墙为黑板，校舍完全不怕轰炸的这种'高等学府'，全世界恐怕只有这么一家。"没错，抗大的学习和生活条件十分艰苦，"认字就在背包上，写字就在大地上，课堂就在大路上，桌子就在膝盖上"是这座也被叫作"窑洞大学"的学校的真实写照。

就是这样一所“窑洞大学”，在艰苦卓绝的条件下，培养了20万德才兼备的军政干部，为抗日战场输送了源源不断的优秀人才，为抗日战争的胜利和民族解放做出了不可估量的贡献。抗大在抗日战争期间，就已经闻名全国甚至世界。抗大毕业的学员在战场上对日寇产生了巨大的威慑，冈村宁次曾讲：“消灭了抗大，就是消灭了边区的一半……宁亡十名皇军士兵以换一名抗大学员，宁亡五十名皇军士兵以换一名抗大干部。”

抗大学员的赤胆衷肠诚如《抗大校歌》所唱“黄河之滨，集合着一群中华民族优秀的子孙，人类解放救国的责任，全靠我们自己来担承”。时光荏苒，步入文明、幸福、自由的21世纪的我们也许没有经历和体会过战争的绝望和伤痛，无法理解什么是真正的艰苦卓绝，但我相信他们的精神一定代代相承，融入我们的血液里。回望历史，抗大时期的艰苦和抗大学员的青春朝气、坚持不懈仿佛都历历在目。

毛泽东主席就经常对抗大的学生说：“在共产党与红军面前，一切所谓困难，是不能存在的，最严重的困难也能克服，红军在世界上是无敌的”，而抗大在它发展的历史进程中，就完全证明了这一点。抗大的创立与发展始终伴随着三个最困难的问题，即校舍的困难、经济的困难与教员的困难。但这并未阻挡它前进、发展与壮大的脚步。

抗大的第一期，也就是八路军干部最高级的一期，这些身经百战的英雄在面对举目只有蜿蜒不绝的不毛之山，余下只有破败窑洞时，并没有放弃，而是精神鼓舞，撸起袖子打着赤脚，脱下军帽担着牛屎马粪，将原来的马厩变成一间间可爱的校舍和自习室。他们露天烧火做饭，当时没有固定的校舍学员就自己建，没有教学用品就自己创造，甚至将传单的背面用来记笔记。没有教材教员就自己编，教员不足，中央领导就到抗大上课、演讲和做报告，给学员带去战场的信息。到了第三期、第四期的时候，全国各地的青年都蜂拥而来，学员人数激增，校舍的问题又横在抗大眼前，但历史告诉我们，他们再一次地完成了名震世界的壮举，挖成窑洞170个。当初那些懦夫发出的质疑声仿佛又飘在耳边：“如果要那些从来没有做过苦工，久居学校，甚至过惯小姐、少爷、老师、将官生活的学员来挖窑洞，岂不是太冒险吗？”很显然，这样的流言终究要被铁的事实打得粉碎！昔日，抗大学员肩背着铁锹锄头，面带着紧张热情的表情，嘴里唱着铿锵有力的歌，浩浩荡荡爬上山坡的景象仿佛定格在历史的空间，铸就了永恒：

为着安全来学习，我们建设新校舍，
大学生动手挖窑洞，古今中外都没得，
创造规模的伟大，抗大史上又一页。
艰苦卓绝的精神，千年万载不磨灭。
经济节省一大批，充实战费为救国。
五人挖好一窑洞，时间只有半个月，
提高劳动的速度，要做斯瓦汉诺夫。

他们的歌声仿佛一条巨龙，盘旋在延绵不绝的高山上，仿佛一股巨大的浪潮，清澈了山谷，洗礼着被日寇横行摧毁的疆土，颤抖了千千万万中华儿女的心。我仿佛看见他们的脚下磨出老茧，手上淌出鲜血，身上挂着淋漓的汗珠，但这就是他们身体力行的革命运动。支撑这些青年的是他们钢铁般的意志，烈火般革命的劳动热忱，为自由为保卫国家至死不渝的抗大精神。

抗大学员以石块石条为桌椅、把锅底灰涂墙当书写板学习训练。毛泽东曾风趣地说：“你们是过着石器时代的生活，学习着当代最先进的科学——马克思列宁主义。你们是‘元始天尊’的弟子，在洞中修炼。”到第四期的时候，学员甚至在暴晒下上课，烈日炎炎，头上晒得火辣辣，汗如雨下，但他们心怀天下，期待知识，并不觉得辛苦。抗大平均每人每月包括吃饭穿衣的费用只有八元左右，足以见得经济物质上的拮据，但他们仍然喊出“节约一分钱，增加一分抗日力量”的口号，每一个人都投入生产运动当中，种菜、喂猪、养鸡、开合作社、畜牧等样样身体力行，并说，“三期的同学可以挖窑洞，难道我们四期的同学就不能开荒种菜吗？”

第六期至第八期，抗大开始转入敌后并决定建立分校，转入敌后作战对于抗大是个严峻的考验，这是抗大最困难、最艰苦的时期。太平洋战争爆发后，日军加强了对敌后战场的控制，开展大规模的扫荡，实行“三光”政策。再加上 1941 年皖南事变爆发，国民党破坏抗战袭击新四军，内战危机严重。抗大的校址不断迁移，学员坚持在战争中学习，在学习中随时准备迎接战斗。教学环境十分恶劣，生活条件艰苦，但是并没有人因此退缩，反而使他们更加坚韧，更加坚定决心投身救国救亡的洪流中，这些学员中途逃跑变节者极少，绝大多数后来都成为我党我军的骨干。

今天，我们看着这些窑洞，环视着冰冷的石墙断壁、简陋的石头讲台，依然能够强烈地感受到当年抗大学员如火如荼的革命热情和为了国家民族随时准备慷慨赴死的豪迈情怀。是抗日救国的信念将一群群来自祖国四面八方、性格各异、政治观点千差万别的青年人凝结成一股洪流汇聚延安，汇聚抗大。对他们来说，抗大是一个光明的乐园，代表着新中国的方向。“踏上远去延安的征程，不做时代落伍者”成为那个时代热血青年的理想，是革命信念和革命精神让他们克服艰难险阻成就了抗大，也成就了自己的赤胆衷肠。

抗大精神，汹涌在黄河之滨

如果问，抗大是凭借什么与困难搏斗过来的？答案一定是抗大精神的支撑！这精神正如抗大校歌所唱，“像黄河之水汹涌澎湃，把日寇驱逐于国土之东”，是抗大完成时代使命的重要原因，也是所有抗大学员共同凝聚的一股感天动地、保家卫国的革命力量，这精神吸引着每一个人的到来，也来自每一个抗大学员的身上。

抗大精神是指中国共产党创办的中国人民抗日军政大学及其教职工、学员在抗战时期及日后所展现的优良革命传统和作风，是中国共产党军事教育思想的结晶，是延安精神的重要组成部分，集中体现在抗大的教育方针上，即“坚定正确的政治方向，艰苦奋斗的工作作风，灵活机动的战略战术”。

首先，坚定正确的政治方向是抗大取得一切成就的根本原因。正如毛泽东所讲，“方向是革命的方针，也就是马克思列宁主义三民主义的方针，打倒日本帝国主义的方针”。“一个学生说到了延安一个多月，了解到中国原来是个半殖民地半封建的国家，于是豁然贯通，大彻大悟。中国的经济性质知道了，中国革命的性质知道了，目前中心问题是抗日问题也知道了！”

其次，朱德总司令为抗大学员做报告时说“吃苦也是一门学问，你不怕苦，苦就会被你吃掉，你若怕苦，苦就可能把你吃掉，所以对于苦的问题，是有辩证法的，是考验人们意志的，是有学问的”，这样的精神始终激励着抗大学员，不畏艰难险阻，用双手和劳动去创造新世界。另外，朱德总司令来抗大讲课时还经常提起他身上的棉大衣，他说：“这是跟了我多年的老朋友，你们看它虽然旧一点，但它是个宝贝，它可以挡风，可以挡雪，这上面有点闪光的油腻，又可以挡雨嘛！多好的三用大衣，你们千万不要轻视它！”总司令用自己的身体力行给大家上了生动的一课，他艰苦奋斗的工作作风引领着抗大学员前行，是抗大精神的楷模。

最后，毛泽东制定的灵活机动的战略战术体现了马克思唯物辩证的用兵方法。抗大始终坚持一切从实际出发，实事求是，审时度势。面对斗争环境的巨大变化，给抗大和军队建设带来了前所未有的挑战，新时期面临着新的任务，为培养更多优秀的革命干部，使更多的爱国青年、知识分子能够来到抗大，深入地了解马列主义，将抗大精神传播到全国各地，发扬光大，1938 年 12 月，抗大决定建立分校，抗大第一分校、第二分校应运而生。随即抗大先后又创立了十二所分校、五个陆军中学和一个附设中学。分校的创立对抗大乃至中国军队的建设都有着重要的意义。

总的来说，坚定正确的政治方向是抗大精神的灵魂，保证了抗大坚持党的领导，以民族解放和社会解放为己任；艰苦奋斗的工作作风是抗大精神的保障，只有发扬艰苦朴素的工作作风，才能够不断克服来自敌人和自身的各种困难，从而取得革命的胜利；灵活机动的战略战术是抗大精神的关键，战争是敌我双方的较量，战场形势更是瞬息万变，尤其是在敌强我弱的劣势下，更要充分发挥灵活机动的战略战术才能取得最终的胜利。

除此之外，抗大所体现的民主与平等精神也是前所未有的，不仅政治是民主的，思想和学术研究也是自由的。在抗大，老师和学员满腔热血抱着视死如归的心态投身抗大的大无畏与不怕牺牲的革命精神，在艰苦条件中所表现的乐观主义精神和吃苦耐劳、勤俭节约的精神，以及山河破碎之际相互扶持、团结友爱的精神，都被永远地保留、传颂与代代传承。

抗大，它继承了中国共产党和八路军及一切革命传统中的精华，它把握着而且发展了那种坚韧不拔的政治方向及艰苦之下百折不回的革命精神。抗大之所以能够在极劣势的物质基础上发展壮大，主要是因为它坚持了为培养抗日干部、实现彻底的抗战胜利、解放中华民族、保卫世界和平而奋斗的方针，且能以布尔什维克铁的意志与顽强精神，不断地克服每一阶段所遭遇的困难。

“别了，别了，同学们，我们再见在前线。”唱着这样的校歌，一个个抗大学子怀着满腔热血和赤子之心，为保家卫国奔赴战场，把生的希望留给别人，只盼民族解放，国家自由。他们的精神就像星星之火，燃烧在中国大地，沸腾在千里之疆！

⊙ 鹿珠晖

不堕德业，文以立身

70 年前延水河畔，抗日军政大学校歌激荡起了无数青年的满腔豪情。当一批又一批知识青年千里迢迢来到延安，来到抗大，又奔赴抗日救国的战场，这首校歌大概会是一代青年心中永不消弭的旋律。在抗日红军大学第一期的开学典礼上，毛泽东同志热情洋溢地说道："我党创办抗日红军大学，是为准备迎接抗日民族解放战争的到来……第一次大革命时有一个黄埔军校，它的学生成为当时革命的主导力量……我们的红大就要继承黄埔的精神，要完成黄埔未完成的任务，要在第二次大革命中也成为主导的力量，即是要争取中华民族的独立解放！"

统一战线、进攻战法、革命传统是抗大的基本教育方针。作为抗日的学校，必须学习抗日的基本方针，作为抗日的干部和先锋队，也当继承革命的传统。这三个基本的内容贯穿于抗大教育各个科目，也成为抗大教育的主导思想。岁月如风，当往事消散，家国再不复那破碎山河，而抗大的星星灯火，依然指引着后辈去追随先辈的优良传统，追慕先烈们最蓬勃的青春。山河飘零的岁月，西北高原的厚土，来自全国的革命青年，怀揣着抗日救国的理想奔赴抗大，正是那一盏盏昏黄的油灯，一沓沓书页与笔记，将汗水书写进了历史，将希望播撒在了抗日救亡的后方。

山河飘摇，不堕德业，文以立身，志在救亡。

我们是勤学的队伍

时隔近百年，我们依旧感慨，从来没有一个年代，像那个时候一样，青年学子们不为名不为利，千里奔赴延安求学只为实现保家卫国的理想。而我们抗大的队伍，也在一期期的发展中壮大起来。1938 年 4 月，抗大第四期正式开学，4000 余名青年奔赴延安，第四期抗大也因此成为抗大历史上最壮大的一期。1938 年 11 月，日本飞机多次轰炸延安，学校被迫迁至河对岸清凉山下的黑龙沟，但来此的青年依旧络绎不绝，抗大已然成为一面旗帜，召唤着四面八方的青年投身抗日救国的伟大事业。那个年代，“不谈恋爱谈抗战”“不爱红妆爱武装”。这群来自各行各业的青年，洋溢着热情与希冀来到延安，他们中有战士、有农民、有工人，在“团结、紧张、严肃、活泼”的校训下，一同修习功课，互相帮助。风雨飘摇、战火纷飞的中国，是他们的时代，他们的战场。救亡的使命在身，安静的书桌前，围坐着的抗大学子，勤勉又幸福。

在抗大，学习不单是课业的研修，更多的是出于最现实的目的，要在短时间内应对并解决当前出现的各种问题，因此需要不断创造更新的学习方法。学员要依照方法去学习，也要学习他们正在实践中的学习方法。有困难，不畏惧，是抗大人的作风。来自部队工厂的学生，没有过惯学习的生活，就由各队教育干事对自己队里的这些同事，先扼要地讲一次学习方法，包括如何听讲，如何做笔记，如何准备下次上课的功课、开讨论会的功课等。开学第一周内，政治指导员也会做鼓励学习的宣传工作，讲解学习中每日的优点缺点，使学员积极地去学习并彻底懂得学习的方法。抗大的学生成分虽然复杂，文化水平和政治水平也参差不齐，但他们都怀揣着抗日的理想而来，都怀着为了建立独立、自由、幸福的新中国而奋斗的愿景，始终积极而虚心。不提及过去的工作与背景成分，来到这里，就都是最亲爱的同学，最勤勉的学生。

不怕程度低的学习，反对傲慢自大的现象，是抗大的学风。在抗大，学习永远不是一个人的事。每队的学员十到二十人分为一组，选出一个组长，一个人不能解决的问题就提到组长那里，召集全组的同学共同研讨互相帮助，一组不能解决的问题就提到本队的问答处，开座谈会解决，若还不满意就找教员解决。对于文化水平低的同学，更倡导相互帮助。在抗大，学习是主张将中心内容具体深刻了解：对于讲义的态度首先是要将讲义弄懂；对读书的态度是反对死板条文主义，始终怀着批判的视角和眼光去读书学习；对于笔记，更要学会最有效的记笔记的方法。抗大的学习，是真正有组织、有计划、有规律的学习。学会学习，学会吸收掌握知识，学会运用，其乐融融的学风浸染下，抗大学子们将青春和时光烙印在了抗日的大后方，又将目光投向了最前线的战场。

我们是教育的先锋

“团结、紧张、严肃、活泼”是抗大的校训，即抗大学生一方面要以战斗的紧张性进行学习，随时准备走上抗日的战场；另一方面要活泼，不仅是生活上的活泼，在军事上政治上也要有灵活机动的战略战术和斗争手段。与此相对应，在抗大的教育方法、教育原则、讲课方式、教育组织与课程安排上都打上了很深的时代烙印，形成了自身的特色。

在教育方法上，主要依据教育方针来设立。因为所招收的学员不限于社会阶层，同时不分种族、宗教、信仰，不分男女、职业、年龄，作为典型的战时国防教育学校，抗大更要求学员去活读书，读活书。首先，抗大教育特别注重理论与实际相联系的原则，反对学员中的好高骛远，反对形式主义与事务主义，具体的方法是在每一期学员开课之前，举办一场教育会议，对本期学员成分、斗争经验、政治文化水准、理论基础、预订培养成什么样的干部等，有一个详细的分析，然后再确定教育课程。而各队的教育方法也并不公式化，他们会根据具体环境具体对象定出灵活的最符合客观需要的方法。例如，军事课完全是在野外教育，时常组织大规模野营演习。

在教育原则上，首先是理论与实际相联系的原则，这也是抗大教学的根本原则。抗大非常反对公式主义与条文主义，副校长曾在第三期教育会议上尖锐地指出：“条文主义，是我们教育方针——理论与实际联系中最凶恶的敌人，是害死人的东西，现在虽然是残余的存在，然而我们还应当来他一个猛烈的攻击，连根带叶地根除它。”季米特诺夫的一句话也被引为教学法中很珍贵的指南，“我们学习马克思列宁主义，不是学习它的字母，而是领会它的革命精神，因为理论是灰色的，实际是常青的”。因此，抗大引进的一切教育课程都要求通俗化、具体化和中国化。此外，抗大还重视少而精的原则，在课程的选择上非常慎重，上课时间不超过学员的自习时间。还有就是示范教育的原则，教员首先以身作则，对学员的教育注重教以工作方法和组织方法。各队的救亡家、民先队，都是在独立自主的原则下以民主方式进行他们自己的工作，在野营演习中，也把教育学员组织演习列为演习的目的之一，可见抗大对学员组织能力的重视。

在讲课方式上，基本都是采用启发式，先讲完基础内容然后才来发问，并把大问题分成若干小问题，每个问题中又有一定的联系，使得听课者能在教员的引导下，从问题的各个侧面了解到问题的全面。从近讲到远，从具体讲到抽象，从分讲到合，从合讲到分，从事件发展过程中把握发展的规律。抗大的讲课注重问题之间的联系，测验被视为推动学习、鼓励学习、检查教育的一种方法，重视答案内容的正确性却不重视计分。此外还有其他辅助教育手段，比如有计划地定期请名人演讲，收集各队“意见箱”“问答簿”上的问题，做书面或口头解答。各队毕业学员在临走之前也会到学员中去收集各方面的问题，配合学校里所预定必讲的知识点，做一星期讲演，这也是辅助教育中最珍贵、最有系统、最受学生欢迎的方式。而其他的一些活动，如自我检讨会、歌咏戏剧等，也都是课程之外极有力的辅助。

而在教育组织与课程安排上，则首先是在校领导之下设立训练部，内设军事教育科、政治教育科等，在军事政治主任教员之下又设军事政治教育干事，有些队同时设有文化教员。课程总体分三大部分，政治课主讲中国问题、社会科学概论、三民主义概论、政治常识、哲学等，军事课涉及游击战争、姿势教练、步兵战备与战略学，文化课则涵盖地理常识、自然常识、算数、日文等。驻队教员或教育干事，每周至少参加一次小组会，帮助学员了解问题指导学习。对思想意识不健康、行动不纪律化的学员，又时常予以规劝，促其改进。教育组织与课程的配合，建立起了契合战备环境与学员需要的教育制度，也正是由于抗大的教育制度很好地满足了学员的需要，抗大的教员无论在课内还是课外都对学员有极大的帮助和指导，才能形成极为融洽的师生关系——没有忌妒攻击，没有“学潮”，学员与教员很好地打成一片，在抗日的后方，师生同心，共同打造了一个时代先锋教育的传奇。

如今，抗日的烽火消散已久，救亡也再非时代主题。然追忆往昔，缅怀的是那青春年华、是那校园岁月。作为国防教育的先导，抗大有太多值得后人学习的创新，从学习方法到教育思想，抗大都是时代的前锋军。

天下兴亡，匹夫有责，我们追慕那个年代，仰望那些奋发蓬勃的青春，或许也会给予我们一些力量——70多年前的硝烟散去，一代代的奋斗换来的这片太平山河，我们又能为时代和国家做些什么？十年树木，百年树人，愿抗大的星火延绵不绝，愿青春的火种如奔腾不息的江河，汇集着先辈的理想与热爱，永远滋养着这片土地，庇佑着我们的家国，生生不息。

⊙ 山珊

交往：听见世界的声音

您好，世界学联代表团

1938年7月1日对中国来说是一个不平凡的日子，因为他们的到来给正处于存亡之际的中国带来了温暖与信心！他们就是世界学联代表，一个由来自世界各国并为世界和平而战的热血青年组成的伟大组织。在这一天中国的延安异常热闹，因为世界学联代表团四位年轻的代表来到了这里，他们分别是柯乐满、雅德、雷克难、傅路德，对于中国来说，他们的到来可谓是意义非凡，在世界反法西斯战争处于白热化阶段的时刻，中国作为世界反法西斯战争的重要组成部分正与日本顽强反抗，世界学联代表团代表的不仅仅是青年学生对于我们的支持，更是代表全世界人民对于我们的支持，这种支持给了我们誓死保卫中华

世界学联章

1938 年世界学联代表团在延安受到热烈欢迎（左起：傅路德、柯乐满、雅德、拉泽）

民族赶走日本强盗的勇气与决心！

七月的延安一如往常的炎热，火辣的太阳毫不留情地灼烧着大地，树上的蝉鸣似乎在为即将到来的世界学联高昂地唱着欢迎的赞歌。火热的夏季并没有阻碍抗大工作人员的热情，汗流浃背的他们热火朝天地筹备着欢迎大会，放眼望去，大会讲台的桌子上摆满了五颜六色的鲜花，似乎在用自己芬芳的花香向世界学联诉说中华民族坚决抵抗到底的决心……热闹的会场不乏庄严的氛围，是的，胜利必定是属于我们的！为了不辜负自己，同时也不辜负世界人民对我们的期望，定当不忘初心，奋起杀敌，还国家和平，还世界和平，为华夏儿女和世界人民的幸福而努力奋斗！四位代表刚踏进会场，骤然间掌声四起，每一位延安的工作人员都面露热情友好的笑容欢迎他们的到来，他们也抑制不住内心的喜悦，微笑地向在场人员挥手致意。“欢迎！欢迎！欢迎你们的到来，这一路一定累坏了吧，快坐下歇歇！”毛主席激动地紧紧握住他们的手向他们表示最真切的问候。“谢谢！谢谢各位如此热情周到地招待我们，我们感到非常的荣幸与幸运能够来到这里！”他们说着拗口的中文，略显可爱。他们在毛主席的引导下入座，随后，毛主席站起来慷慨激昂地说：“中共中央以万分诚意欢迎世界学联派遣代表团来华考察，感谢世界学联对中国的衷心援助。抗战虽然要自力更生，但外援也有重大意义，我们需要国际援助，希望代表团把中国人民的这一愿望带给将要开幕的世界青年大会和全世界人民！”[①]话音未落，掌声如潮，

① 李腊生 . 1938 年世界学联代表团访华始末 [J]. 党史文汇，2015（08）: 55–58.

四位代表站了起来向台下的工作人员深深鞠躬。此次大会因世界学联代表团的到来而更加庄重，也向世界人民表达了中华儿女誓死和日本法西斯斗争到底的决心！

七月三日上午，微风徐徐、晴空万里，抗大的工作人员开着学校仅有的一辆简陋卡车，将四位代表接到了学校，当代表们缓缓踏出车门的一刹那，抗大的青年学子挥动起了手中的小红旗热烈地欢呼着欢迎他们的到来，并热情地送上鲜花，四位代表洋溢着笑容由衷地感到欣慰。“七七事变”的纪念日即将到来；中华儿女的内心不仅有愤怒更有与日本帝国主义抗战到底的决心！而此刻世界学联的到来更让大家内心狂喜万分，士气得到了很大的鼓舞。

在抗大工作人员的引领下，四位代表来到了学校的小礼堂。小礼堂是一间简陋的大瓦房，刚进入礼堂映入眼帘的是北面墙上孙中山先生的肖像，两边写着“团结、紧张、严肃、活泼”八个遒劲有力的大字。会场中央还摆着几个长桌，桌上放满了鲜花，微风还时不时地送来几许沁人心脾的花香，阳光透过干净的玻璃窗照射在鲜花上使得会场显得格外的明亮与雅致。

十时许，罗瑞卿副校长、许光达教育长和政治部张际春主任等陪同四位世界学联代表走进了会场，《新中华报》《解放周刊》等报刊的记者为他们从各种角度拍照，镁光灯不停地闪烁，四位代表也是激动地向各位工作人员挥手致意。待各位代表入座之后，罗瑞卿副校长庄严地站了起来，拿起了桌上的一叠发言稿，掷地有声地说：“正当着日本强盗的炮火转向我国中原，直接威胁武汉，保卫大武汉的任务更直接更严重地提到了全国人民面前的时候，亦正当着日本强盗的铁蹄更加逼近西北，并准备直接进攻陕北的时候，我们的国际青年朋友，同情中国抗战、援助中国的国际青年朋友——世界学联的代表团，柯乐满先生、傅路德先生、雷克难先生、雅德女士，他们来到了中国，来到了西北，来到了延安，而且也来到了我们的抗大，他们来到中国的目的，是出于对中日战争各方面的考虑——日本的、中国的，以便推动全世界的青年、全世界的人民更广大地更有力地对于中国抗战进行援助，今参观了我们的学校，给我们做了报告，并给我们许多宝贵的指教，我们的抗大，每一个教职学员，与中国所有的青年一样，与所有的人民一样，对于代表团诸君对我国抗战的同情与援助，对我们

罗瑞卿在抗大时演讲的留影

的勉励与指教，表示最热烈的最诚挚的同时也是最隆重最壮观的感激和谢意！”话音刚落，在场的工作人员和四位代表都热情地鼓掌，此时，罗瑞卿校长示意感谢，又拿起了话筒说道：“我们除了敬佩感激与谢意之外，该应当如何回答我们的国际友人呢？我想，第一，我们的国际的青年朋友，所最希望的，便是我们的民族内部更加稳固地团结，用这个团结，去战胜日本帝国主义！是的，同志们，我们需要更加稳固我们的团结，我们的一切抗日的伟大力量，就在这个团结的基础之上产生出来，我们的中国，长期处于半封建半殖民地社会，在帝国主义与封建势力的多重压迫之下，我们的确有很长一段时期是不团结的，偌大的中华民族一向被人耻笑为‘一盘散沙’，我们过去一直被人欺负与侮辱，我们的国家不进步，主要就是上了不团结的当，吃了不团结的亏，日本帝国主义之所以不把我们放在眼里，它亦就是估计我们是不会团结的，所以它一贯采取了所谓的‘以华制华’的狠毒的阴谋，然而今天情况不同了，我们可以告诉我们的国际友人，今天的中华民族，已经被团结起来了，在国共合作的基础上，不分党派、不分阶级的统一战线，已经被建立起来了！全国的军队与人民都在蒋委员长领导之下，坚持抗战！”此时此刻每一位在场人员的内心都是激动的！四位学联代表的表情流露出对大家这种不屈不挠、众志成城精神的敬仰和钦佩。“没有今天的团结，就不能有今天这样的英勇抗战，从来没有把我们放在眼里的日本军阀，在他们受了意外的抵抗之后，也不能不承认被团结起来的中华民族，并不如以前那样好欺侮了。就拿我们这个学校来说，我们这里有全国各省的人，有一切阶层的人，有各个不同职业的人，有共产党员，有国民党员，有一切其他的抗日党派，我们在一块儿学习，在一块儿生活。我们的校风，第一就是团结，我们团结地学习、团结地工作，我们教师之间很团结，我们学员之间很团结，我们部分之间亦很团结，在我们这儿，隔阂、猜忌、分彼此、分界限的现象，是看不到的，我们只有亲切的同情与友爱，而且我们所住的房子也是我们自己挖的窑洞！我们可以告诉国际友人，虽然我们这个民族的团结，还不够牢固，还不够坚强，然而我们是能够进步的！我们学校的这一幅图画，就是象征着我们这个民族是能够更加牢固、团结的，亦可以说这就是我们中华民族之更加牢固的缩影，我们主要以这个团结的力量，去战胜日本帝国主义！我们胜利的信心，就是建设在这个基础之上的。”罗瑞卿校长的这番话将整个会议推向了高潮，会议弥漫着热烈的气氛。

“第二，我们的国际友人所希望的就是我们不屈不挠，再接再厉，坚持抗战到底！是的，同志们，我们是需要坚持的，只有坚持，才能战胜日本强盗！然而我们可以告诉国际友人，我们是要坚持，我们是能够坚持的，我们过去坚持了，现在坚持着，将来还会继续坚持下去！我们知道在抗战过程中，牺牲是大的，困难是多的，但我们并不害怕，我们就要拿这些牺牲的代价，去换取中华民族的解放！我们就要以全民族鲜红的热血，去洗净我们祖先的耻辱。我们目前虽然遭受了一些挫折，丧失了一些领土，然而我们并不悲观，并不失望，并不丧气，并不气馁，因为这并不是我们最后的永久的失败！虽然有少数的败类，他们甘做汉奸，然而这只是少数之少数；虽然，部分的民族失败主义者在困难面前，也表现出退缩，然而在绝大多数人坚定与顽强的抗日斗争过程中这种退缩也会被制止，也会被克服，我们不相信别的，我们相信雅德女士在见面时所告诉我们的一句话，这句话是一个真理，这就是最后的胜利是我们的！”

“第三，就是国际友人对于我们学校的希冀了，希冀我们的学校能办得更好，办得更完善，能够创造出更多的抗日干部，希望我们的每一个学生都成为抗日战争的民族英雄，都成为保卫世界和平的模范战士。我们的学校缺陷很多，设计简陋，又为许多方面所限制，因而这一条恐不能如代表团诸君所愿。但我们亦可以告诉国际友人，我们是在艰难困苦的斗争中，所建立起来的抗大。最后，我们对于国际青年朋友们也是有三点希望：第一，希望替我们告诉国际上一切青年的朋友、一切爱好和平的朋友，日本法西斯的残暴，那些令人难以相信是人类可以做得出来的残暴——这些事代表们已经知道不少了，这里我们不多说。同时也替我们告诉他们中国人民之英勇抗战的真实情形，并且告诉他们中国青年与人民的抗战，不仅是为了自己民族解放而战，而且也为了世界的和平与正义而战，中国青年与人民不仅为了自己的民族解放而团结起来，而且愿与世界人民一道为了世界和平而团结起来！世界的和平是不可分割的，援助中国，也就是援助自己。日本法西斯可以打中国，也可以打世界，事实上，世界法西斯的侵略阵线已经到处放火并威胁着每一个热爱和平的人。我们希望用这种真实的有力的宣传，以争取国际上对于中国更广大的同情与更有力的援助，并粉碎日本强盗在国际上淆惑耳目的最可耻的造谣与胡说！第二，希望在世界学联的领导之下，使全世界的青年，为了人类的正义，为了世界的和平，而更加团结起来，更加觉悟起来。在这里我们恳请代表团的朋友们注意一件事，这就是在中国在西班牙的青年，他们正在为自己的祖国、为世界的和平而英勇地奋斗着！在苏联的青年，正在为建设自己的新社会而斗争！许多民主国家的青年，也正为了保护民主，捍卫和平而努力！但在日本军国以及德意志法西斯——希特勒、慕索里尼胁迫下的青年，他们则成千上万地被屠杀、被囚禁、被驱使在罪恶的战争中去当炮灰！他们的思想被束缚，他们的行动被胁迫！这使他们快要窒息得不能呼吸了，我们应当援助他们，应当提醒他们，应当把他们从法西斯的摧残下解放出来！法西斯是人类的祸患，更是青年的祸患啊！第三，希望援助我们的抗大，现在的四位代表，虽然他们不是抗大的学者，但在反对日本帝国主义与维护世界和平方面，则与我们抗大每一个学生的立场是完全一致的。因此，在他们的申请和学校的同意之下，他们已经是本校的学生了！”

话音刚落，四位代表激动地站了起来，紧紧地握住罗校长的手，喜悦之情溢于言表。“你们住的房子竟然是自己挖的！ OH My God！简直不可思议！这太神奇了，我想去看看可以吗？”雅德女士睁大了双眼表示感到非常震惊。于是，在工作人员的带领下四位代表来到学员第二大队宿舍，映入眼帘的就是洁白、整齐划一的床铺，宿舍的窗户也被擦拭得一尘不染，耀眼的阳光穿透玻璃映射在地面上，使地面显得更加干净明亮，窗外的树叶在风中摇曳，偶尔还传来窸窣的知了叫声，宿舍安静得仿佛一根针掉在地上都能听得到，整个宿舍给人一种祥和、温馨、宁静的感觉。柯乐满频频点头道："这里整齐得可与正式的军营相媲美，洁白得很像是在医院。"不知道是什么吸引了雅德女士的注意力，她仔细地打量着墙上的东西，这时候工作人员走上前去，介绍说："雅德女士，这是我们抗大的学生自己动手制作的筷子牙刷筒，这样挂在墙上比较整齐，而且用起来也是很方便。""哇哦！这个真的是太棒了，回去我也要仿制，这里的学生真的是太聪明了！"说着，雅德女士竖起了大拇指。"你好，这是什么书啊？"雷克难翻动着长桌上的书籍，一本一本地仔细翻阅书籍并询问书名，还突然俏皮地说："我可以借一本看看吗？"在场的工作人员都笑了起来，答应道："可以的呀！"

四位代表和抗大的工作人员边走边聊，相谈甚欢，不知不觉他们就来到了女生宿舍。女生宿舍相较于第二大队宿舍，除了干净整洁之外还多了点小情趣和艺术性。洁白的墙上还点缀了一些质朴而精美的艺术品，搭配着长桌上的一排整齐的书籍，除此之外，还有几名文静的女学生坐在书桌旁安静地读书，阳光洒在书桌上，显得别样的雅致与恬美。

"这些都是化妆品吗？看起来很贵啊，为什么学生还带着这么贵的化妆品啊？"四位代表甚感疑惑。"是这样子的，女学生们在来抗大之前不知道延安是

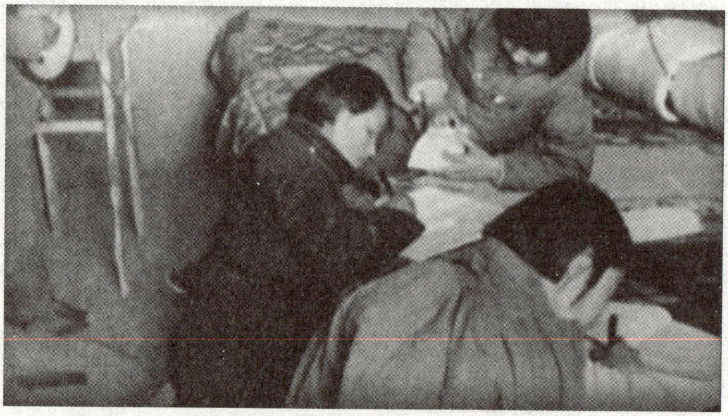

抗大女生宿舍内景

不兴化妆的，从外面带来的化妆品就成了多余之物。一开始，有的女学生将化妆品当作垃圾扔掉，后来有时候学校举办一些晚会可以用得上，所以大家就把这些化妆品集中起来放在了这里。”

回头一看，雅德女士还从墙边的木架上拿起了一支步枪，她端着枪，歪着头，侧着身子，将步枪的枪头瞄准了墙上漫画中的日本军官，做出开枪的姿势。“雅德女士好枪法啊！”惹得在场的人员情不自禁地鼓起掌来。

参观完女生宿舍之后，他们的兴致还未消减，于是在罗瑞卿副校长的带领下来到了最具有抗大特色的窑洞宿舍：“这个就是我们学生自己挖的窑洞，外观是简陋了些，但是冬暖夏凉，非常适合居住。”四位代表缓缓走入窑洞，延安的七月日头火辣辣的，刚进入窑洞，扑面而来的却是一丝丝清爽的凉意，规整的床铺，整齐的书桌，墙上还挂有几张孙中山先生的画像。四位代表拍了拍墙说道：“这墙倒还挺结实的，真是太让我震惊了！”罗瑞卿副校长说：“那是自然的，我们的学生都很勤奋踏实的，他们是中华民族的希望，未来的接班人。”“那好啊，将来我们请抗大同学去美国担任挖窑洞的教授！”雅德女士饶有兴致地提出了这个特别的要求。“多得很！抗大同学个个都成！”罗副校长激动地说。①

宿舍参观结束之后，就到了午餐的时间，虽然整体参观的时间很短，但是却给四位代表留下了深刻的印象，华夏儿女不屈不挠、勤俭踏实的民族性格让他们感触颇深。“欢迎！欢迎！欢迎你们的到来，我甚感欣慰与激动。”林校长激动地走向前。“林校长您好！林校长您好！快坐快坐！”四位代表连忙起身向林校长示意。“林校长，我想成为抗大的学生，请您授予我们名誉博士学位吧，最好是游击战术博士学位！”柯乐满郑重其事地说。“那我宁愿当一个名誉游击队员。”雅德女士俏皮地说，引得大家开怀大笑。今天的餐厅充满着欢乐祥和的气氛。

夜幕降临，但是整个抗大甚至整个延安都没有要消停的意思，处处洋溢着激动和喜悦。当晚八点，抗大为世界学联代表团举行了名誉博士授予大会，林校长站起来慷慨激昂地说：“今天我们全校师生在一起开这个欢迎会，来迎接世界学联团。世界学联代表团远涉重洋不辞辛苦来到中国，他们为同情与援助中

① 刘家国，苏利军．世界学联代表团访问抗大纪事 [J]. 军事历史，2000（06）:66-68.

国的抗战、为反对法西斯、为保卫世界和平而来，他们这种光明正义的精神值得我们学习，我们应该向他们致以敬意，我代表全校教职学员向世界学联代表致以革命的敬意！”林校长的讲话暂时停了下来，台上台下一片掌声！

“代表团的诸位先生都是世界学生的领袖，为世界学生的利益，为世界和平的利益而奋斗。我们欢迎学联代表团，应该对于他们这种不怕艰难来援助中国的伟大精神表示敬佩。他们对于中国有很多的帮助：宣传、募捐、抵制日货、不卖货物给日本，并推动他们的政府帮助中国抗日，这样的情意，我们应该表示感谢！”四位代表站起来向所有的与会者表示感谢，感谢大家对他们到来的周到接待，感谢大家的热情，这让他们激动万分。

此时激昂的音乐响起，第三大队第七支队的学生昂首挺胸地走上讲台向雅德女士赠送了一双用白布条打成的布草鞋，然后抗大的同学会、民先队组织和赞助抗大劝募委员会的代表分别向四人献上了锦旗，他们激动地握手表示感谢。锦旗上用中英文写着“全世界青年联合起来，援助中国抗战！”“最后的胜利是我们的！”除此之外，滕代远参谋长也为国际友人带来一份厚礼以表示热烈的欢迎，他给每一位代表都颁布了“红军十周年纪念章”和“国民革命军第十八集团军证章”，并宣布授予他们“八路军名誉战士”称号。

四位代表将这些奖品整理好后，雷克难激动地拿起讲桌上的话筒说：“我不知道要怎样感谢你们给予我们这样好的招待，如果延安有使得我批评的地方，那么应该说你们的招待太是周到了。这里的青年同志给我们深刻的印象，给我很大的振奋，使得我对待工作更加努力！我们到中国来是带来了全世界人民对于中国的深切同情，我们带回去的是你们英勇斗争的事实。我们回国以后，当听到中国胜利的消息的时候，将会感到莫大的兴奋。我们对中国青年的英勇奋斗表示最高的敬佩。在我们的国内，青年学生也受军训，这种军训是狭义的、国家主义的，但是，我到中国来，看到的情况完全不同，你们不是盲从的，你们是为了民族解放而奋斗，你们不但受军事上的训练，而且还受政治上的教育。中国的军训是全世界的好模范，我回国以后一定把这件事情向我们国内的青年报告。中国的抗战是带有更伟大的国际意义的，中国青年为民族解放而奋斗，同时也是为世界和平而奋斗，中国青年是全世界青年的榜样。为了保卫世界的和平，为了援助中国的抗战，我们加拿大的人民更应该团结在一起，不分信仰，不分语言文字，一致地团结起来，这才是空前的大团结！你们说中国的抗战极需要外国的援助，但是依我的见解，中国的抗战是给予了全世界人民许多的帮助，你们那英勇牺牲的精神及丰富的战斗经验给了我们极大的鼓舞与很好的指示。我向诸位保证，我会把在中国所看到的情形带到第二次世界学联大会上去，而且带到我们的国内，使得全世界的青年和中国的青年更紧密地团结起来！现在我们感觉到自己责任的重大，你们最高度的热情更推动了我们去完成这份艰难的工作的决心，我们要加倍努力地干下去！”

当雷克难的演讲结束后，整个大会到达高潮，每个人都将热情的掌声献给了雷克难先生，献给了这为世界和平而努力的青年战士！激动人心的音乐响彻整个会场，最令人振奋的时刻即将到来，“欢迎你们的到来，现授予四位世界学联代表雅德女士、柯乐满先生、傅路德先生、雷克难先生名誉博士学位！”罗副校长将沉甸甸的学位证书颁到了他们的手中，四位代表欣喜地拿着这宝贵的学位证书，激动得无以言表。全场欢呼雀跃！从此，他们不仅仅是世界学联代表，他们还是抗大的学生，抗大从此也是他们的母校！

世界学联代表团与抗大学生合影

时间总是过得如此仓促，世界学联代表团的四位代表即将离开，这次他们代表的不仅仅是自己国家的青年，更是全世界人民对于中国抗日战争的支持，是对人类和平正义的支持！他们的到来增加了我们必胜的信心，有了他们的支持我们就不是孤单的，胜利是必将属于我们的！

⊙ 葛妍

战地记者在抗大

摄影师罗曼·卡尔曼的延安之行

罗曼·卡尔曼，1906年11月26日出生于乌克兰敖德萨。这是一个传统的犹太知识分子家庭，小卡尔曼的父亲是一名作家，但由于同情布尔什维克，1920年没能走出白军监狱。尽管当时的卡尔曼尚且年幼，但他的心里早就埋下了梦想的种子，他不想成为一名苏维埃干部，只想像父亲一样做“笔杆子的战士”。随着年龄一天天地变大，卡尔曼背起了父亲曾用过的相机，他决定做一名记者。

而卡尔曼与中国的不解之缘还要从1938年说起。时年32岁的他来到中国为他的电影积累素材，国民党当局十分重视，特地调来一辆专车供他使用。在中国的日子里，他的足迹遍及湖北、湖南、广西、广东、四川、陕西等11个省份，总行程约2.5万公里，拍摄影片资料1万多米[①]，他以影像和文字的方式翔实记录了战火中的中国以及伟大的中国人民。

1938年10月卡尔曼对武汉大会战展开记录，在炮火连天的危险境况中他坚持拍摄，不肯撤退，敌人的猛烈轰炸、民众的流离失所令他心痛不已，他用手中的镜头记录了战火中的武汉，也记录下了中华民族团结抗战的英勇精神。

---

① 石磊，方华．“抗战的希望在延安”——外国记者眼中的中国共产党人（三）[J]. 档案春秋，2014（01）：18-21.

1939 年 5 月，卡尔曼几经辗转，终于顺利到达了延安，他在这里拍摄了抗日民主根据地的真实情况，并与毛泽东主席亲切交谈，为这一时期的延安生活留下了珍贵记忆。

犹记得那是 1939 年 5 月 14 日，一个祥和却又热闹的夜晚，卡尔曼前往鲁迅艺术学院观看他们精心编排的话剧《冀东起义》，台下的老乡们熙熙攘攘坐在一起谈论着家常，孩子们你追我赶地嬉闹着，而我们的战士始终坐得笔挺，这是难得的军民同乐时光，也许下一秒就身陷战火，但大家都尽情享受着此刻的快乐。而就在此时，突然安静了下来，大家都探出头向一个方向看去，原来是一个蓝眼睛、高鼻梁的外国人！众人立刻议论纷纷，卡尔曼眼中带光径直走到观众席的前排，鲁迅艺术学院的翻译部主任萧三惊喜地站起来，跟这位外国朋友连连握手。萧三随后用中文向周围的同志介绍，这位来自苏联的外国友人名叫罗曼·卡尔曼，是一名电影摄影师。

5 月 22 日下午，延安抗日军政大学副校长罗瑞卿宴请卡尔曼，这是一次十分特殊的宴会，不仅因为宴请的客人与众不同，更因为当天宴会上所用的食物均来自抗大合作社。是的，合作社里的大部分食物、生活用品都是学员自己的劳动成果，自毛泽东主席在延安生产动员大会上提出了“自己动手”的口号后，抗大全体人员时刻践行并响应着，学员一面刻苦学习，一面自己动手制作，从原材料的种植、采摘到加工，毫不懈怠。

5 月 25 日，这是一个令卡尔曼终身难忘的日子。他在这一天见到了毛泽东主席并进行了亲切交谈。当天，二人在简陋的窑洞中，伴着摇曳却明亮的烛光，畅谈至深夜，毛泽东主席向卡尔曼介绍了当前中国抗日战争的形势与前途，并发表了具有针对性的见解，卡尔曼也对毛主席提出的有关苏联军事、科学工作方面的问题做了翔实的回答①，二人交流十分愉快。第二天，卡尔曼跟随参加了“抗大”三队请毛泽东主席做的关于战略战术的军事辩证法的讲演，尽管报告时间不长，却让卡尔曼回味无穷。他这样写道：“他（毛泽东）的演讲充满了明了的例子、大众的言语和格言成语，常常引得全体听众哈哈大笑，在听众笑过之

---

① 曹英发 . 见证历史——罗曼·卡尔曼其人其事 [J]. 陕西档案，2014（04）:57.

后，他自己才开始微笑”。[①] 毛主席的形象在他的心中日益变化着，深入交谈后他更觉这位领导人的伟大，于是他想着能不能拍摄毛主席的日常生活呢？这样也好让更多外面的人知道和了解八路军。

6 月 1 日，卡尔曼计划拍摄“毛泽东的一天”。中午吃过饭后，他们就前往抗大，受邀参加建校三周年庆祝会，一路上，毛主席不时停下车来与老百姓交谈，卡尔曼都一一拍摄下来，这些照片在今天都是极其宝贵的资料。下午 6 时，庆祝会开始，因为条件有限，那时不仅抗大没有电灯，整个延安都是“靠天生活”，为了利用落日的余晖进行拍摄活动，大家安排毛主席在庆祝会上第一个讲话。在他讲话的过程中，卡尔曼一面听着他慷慨激昂的发言，一面肩扛摄像机拍摄着。伴着余晖，伴着大家的笑容，这一切都显得那么生动又感人。

拍摄工作结束后，一行人返回到毛主席的住所，卡尔曼兴奋地说要请大家吃烤羊肉串。他在毛主席的窑洞外架起了火堆，尽管条件比较艰苦，但卡尔曼还是用仅有的羊肉、洋葱等材料精心烧制。他用铁丝串起羊肉，架在火上来回翻转，飘香的肉味儿伴随着热烈的火苗越发浓烈。不久，卡尔曼将烧好的第一串羊肉送给了主席品尝，他期待地询问着肉的味道如何，主席回答说：“味道好极了！”[②] 卡尔曼十分高兴，众人围坐在火堆旁谈笑风生，而他也自然不能错过这珍贵的一幕，便拿起相机将此刻定格。

1939 年 6 月 3 日，罗曼 · 卡尔曼告别革命圣地延安，启程前往西安。而他所拍摄的这些作品，都保存了下来，记录下了那段珍贵的岁月。

华侨女记者黄薇的抗大之旅

黄薇，原名黄维英，1912 年出生于福建龙岩。黄家虽然是书香门第，但仍摆脱不了旧时婚姻陋习的影响，在黄薇四五岁时她便被许给了当时省议长郑丰稔的儿子，不过也正因为如此，为她后来走上新闻记者的道路埋下了伏笔。

由于父亲去世得早，家里全靠母亲一人支撑，但其母思想进步、开明，她

① 石磊，方华．“抗战的希望在延安”——外国记者眼中的中国共产党人（三）[J]. 档案春秋，2014（01）: 18-21.

② 王国宇．苏联摄影师罗曼 · 卡尔曼在延安 [EB/OL]. 中国共产党新闻网．http://dangshi.people.com.cn/n/2014/0320/c85037-24692370.html，2014-3-20.

黄薇

积极支持黄薇完成学业，黄薇在学习上始终认真、刻苦，并顺利考上厦门集美女子师范学校。青年黄薇在学校读书期间，担任学生会委员，也是在这个时候，追求真理和进步思想的种子在她的心里渐渐发芽，她积极参加各项进步活动，与进步青年交流探讨新知。然而就在她尽情享受难得的学生生活之时，郑家传来消息，要求黄薇立刻回乡完婚，这时的她已经对自己的生活有了全新的理解和规划，于是她明确表示，这种封建的包办婚姻是不合理的，希望能够解除婚约。[①]然而郑家不肯，对黄薇百般刁难，她无奈之下，只得暂时逃离学校。当她顺利毕业后，集美小学向黄薇伸出了橄榄枝，希望能够聘请她任教，但此时一个具有封建思想的校董跳出来表示极大的抗议，他说："她是这个社会的叛逆，没资格为人师表。"黄薇在愤怒之余，给《厦门日报》投书，气愤地回应道："正是这类逆历史潮流的封建卫道士，才真正没有资格担任这种培养人才的神圣职责"。[②]文章发表后，各界人士纷纷站出来支持黄薇，深受鼓励的黄薇意识到报刊和舆论在当时社会的的巨大力量，从而产生了做一名新闻记者的理想。1934年，在哥哥的支持下，黄薇前往日本求学，并在学校新闻系旁听。1937年抗日战争全面爆发后，她决定回国，与祖国共同战斗。回国后不久，黄薇接受中共党组织的建议，赶赴南洋宣传抗战。1938年3月，她以新加坡《星洲日报》特派记者的身份回国。

1938年6月下旬，在八路军武汉办事处安排下，黄薇以记者身份随同"世界学生联合代表团"到延安采访。代表团成员乘坐汽车经过三天的辗转颠簸抵

① 朱晴 . 特稿：记南洋华侨女杰黄薇 . 中红网 . http://www.crt.com.cn/news2007/News/jryw/12227113049A05I32EG2E0EI47699HB.html.

② 黄益群 . 黄薇，第一个回国参加抗战的南洋女记者 [J]. 政协天地，2013（12）: 58-59.

达延安，黄薇终于来到了梦中的革命圣地，而她也成为第一个来到延安采访的华侨女记者。①

几天后，延安各界为欢迎“世界学联代表团”举行了几千人参加的联欢晚会。黄薇作为受邀嘉宾之一欣然前往，抗大同学精心准备的节目引人入胜，特别是鲁迅艺术学院和抗大同学拉歌的环节让晚会进入高潮。突然，一位坐在黄薇后排、身穿灰色中山装的人主动同黄薇打招呼：“你是黄薇小姐吗？”黄薇回答：“是的”，虽然之前没有见过面，但她知道这就是中共领袖毛泽东，主席亲切地同她握手。之后黄薇这样回忆道，“在这里，我亲眼看到，毛泽东作为共产党的领袖，在这样的群众大会上，他不需要特殊的座位，而是那么和谐地同普通老百姓坐在一起，亲切交谈；对于我这个外来的新闻记者，他不需要通过着重的介绍而主动同我打招呼、握手、谈话。他是那样的和蔼可亲、平易近人；他没有领袖的架子，一点也不显得特殊”。②

在见到延安的各种景象后，黄薇向毛泽东表明自己很愿意留在延安工作的意向。毛泽东说：“我已经听说过你的这个愿望，但我认为你还是做新闻记者为好，当记者也是学习，而且是一种更好的学习。你作为一个华侨记者，可以把你目睹战争的真相和所见所闻，向海外华侨宣传报道，使他们更好地了解全民抗战的情况，以增强抗战必胜的信心，这个工作是很有意义的。”毛泽东接着说：“最近，陕甘宁边区各界，要组织一个参观访问团，到晋察冀边区去，你们几位可同他们一起去，看看敌人后方的抗日工作”。③黄薇受到极大的鼓舞，她决定听从毛主席的建议。

1938 年 8 月中旬，黄薇离开延安，前往炮火连天的华北敌后战场。她行程数千里，用时三个多月，足迹遍及四十多个县，一面采访一面撰写报道。她既报道共产党人的英勇奋战，也揭露敌人的丑恶罪行，并先后在新加坡的《星洲日报》和《星洲晚报》持续连载，影响了许多海内外华侨华人，使他们也加入

---

① 申春. 第一个到延安的华侨女记者黄薇 [EB/OL]. 人民网 .http://www.people.com.cn/GB/paper39/6938/674026.html.

② 郑学富. 华侨记者黄薇难忘的延安之行 [EB/OL]. 西安晚报 . http://epaper.xiancn.com/newxawb/html/2018-03/18/content_320775.htm?div=-1.

③ 申春. 第一个到延安的华侨女记者黄薇. 人民网 [EB/OL].http://www.people.com.cn/GB/paper39/6938/674026.html.

新华日报社欢迎战地记者的集体合影发表于1938年5月28日的《新华日报》

到保卫祖国的战争中来。萧克将军曾为其题词:“以笔为剑，当得三千毛瑟枪。”

沃尔特·博斯哈德在抗大

沃尔特·博斯哈德是一名瑞士记者，被称为“现代新闻摄影的先驱”。他是第一位访问延安并见到毛泽东本人的欧洲记者。他曾深入抗日根据地延安，拍摄了一部名为《通往延安之旅》的黑白无声纪录片，尽管总时长仅为21分49秒，但其中有许多珍贵的画面。他拍摄了毛主席走出窑洞的样子，还有抗大女生集体歌唱祖国，以及当时的士兵操练等各种生活化场景[①]，完整记录了当时延安人民的生活样貌和根据地实景，用镜头留下了那段难忘的岁月。

“七七事变”后，日本帝国主义全面侵华战争开始。尽管时值国共两党合作时期，但国民党对共产党的新闻封锁政策依然存在，外国记者想要进入延安采访难于上青天。尽管如此，博斯哈德还是想要深入延安进行拍摄和采访，向世界人民介绍真正的延安。幸运的是，博斯哈德最终得到了美国记者艾格尼丝·史沫特莱的帮助，顺利见到了共产党驻汉口代表周恩来，而后他穿过层层障碍，想尽一切办法，在林伯渠的安排下，派了一名战士陪同他跟随运输物资

① 人民网.外国记者与中国抗战【上】[EB/OL]. http://dangshi.people.com.cn/n1/2016/1010/c85037-28763970.html.

学员在河里洗衣服（1938 年博斯哈德摄于延河之畔）

的车队从西安秘密前往延安。[①]1938 年 4 月，博斯哈德开始了他全新但又充满艰难险阻的旅程。

博斯哈德跟随运输物资的队伍从西安出发，一路上除了躲避敌方层层封锁，还不断与恶劣的天气情况作斗争。出发后不久，天上就下起了雨，由于沿途都是土路，雨后变得十分泥泞，车轮常常陷在泥里，道路两旁都是陡峭的崖壁，继续前进可能会有危险，不得已大家决定在三原小镇休息一天。在镇上的旅店里，博斯哈德还遇到了一群特殊的青年，年纪相仿的他们分别来自 6 个不同的省份，已经在路上步行了 20 多天，都是来投奔抗大的学生。

接下来的几天，行程虽苦，但大家的心都越来越激动，因为离延安越来越近了。大部队在茶坊进行最后整顿，博斯哈德看到沿途有很多年轻人，他们背着行李仅靠双腿步行前往延安。他常常望着在路上跋涉的青年出神思考，究竟是什么力量支撑鼓舞着这些年轻人呢？后来他渐渐明白，延安对于彼时的中国青年来说，就是心灵和身体归属地，就是代表着希望的光明之城。经过恶劣天气和敌方围追堵截的重重考验后，博斯哈德终于到达延安。

刚刚进入延安，他就看到令人诧异的景象，他这样记录道："小城被陡峭的小山和一条小河包围，人们在这里过着生机勃勃的生活。人们居住在土窑洞内，机关、学校、医院也不例外。这个城市最值得注意的地方就是它的干净整洁了，你既不会看到中国最普遍的乞丐和患有疥癣的狗，也不会看到扎着脏兮兮绷带的伤兵，穿制服的人数远远超过了平民百姓的数量，制服即使有很多补丁，但

① 姚泽卿 . 博斯哈德——首位采访红色延安的欧洲记者 [EB/OL]. 党建网 .http://www.dangjian.com/djw2016sy/djw2016wkztl/wkztl2016djzzwk/201805/t20180510_4681473.shtml.

却总是那么干净。”

博斯哈德还特别提到了中国人民抗日军政大学、陕北公学和鲁迅艺术学院。他曾这样写道：“学生如果想成功地被这几所大学中的某所录取，唯一的办法就是通过共产党员的个人推荐或者抗日协会的推荐，这也是人们试图通过严密的检查体系来避开间谍的一种方法，到目前为止，这些间谍确实没能成功地进入延安”。他拍摄了这几所学校的学生们早起在河边洗脸刷牙，在院子里一起吃早饭，紧张而有序的学习生活，课余时间散步、唱歌、打球……丰富多彩的校园生活和一张张快乐的脸庞跟其他尚在战火中的百姓形成鲜明对比，博斯哈德不禁感叹：延安就是天堂啊！虽然这几所大学地处偏远，学习条件也算不上多好，但是他发现学生们对现阶段中国的战争情况、国际情况如数家珍，且大多有自己独到的见地，有的学生英语说得十分流利，有的又对法语了然于胸，还有的对歌曲的作词作曲颇有造诣，战争、贫苦都没有打倒这些爱国青年，他们对知识的渴求、对自身要求的严格，都让人对中国的未来充满期待！

鲁迅艺术学院学生在教室前唱歌（博斯哈德摄于 1938 年 4 月）

而令博斯哈德最难忘的当属与毛泽东主席的会见。博斯哈德没有想到，作为共产党的领导人，毛主席竟然在如此简陋的窑洞中办公，除了书籍、写字桌、土炕和几把椅子便没有其他东西了。毛主席在这次访谈中，谈到了自己的信念和理想，也谈到了抗日战争的走向和国家的未来，他坚信中国必将赢得抗日战争的最终胜利。最后，博斯哈德请毛主席谈谈对中国共产党未来的看法，主席说：“中国共产党的未来，当然希望继续前行，通过社会主义达到最终的共产主义，但那当然是符合中国国情的共产主义，首先要提高农民的收入水平，因为只有提高4亿人的购买力，本土工业才有可能茁壮成长”。他在采访后，评价毛泽东主席更像一位沉思的哲人，他对主席充满智慧的思想由衷感叹，也对此次交谈感到终身难忘。

⊙ 陶影

当鲁艺邂逅抗大

当我们眼波交汇，便注定了前世今生……

抗大，看到你，我便明白了自己诞生的意义。

你是否还记得1937年“七七事变”的炮火点燃了中国抗日战争的烽烟，无数热血青年冲破国民党反动派的封锁和阻拦，跋山涉水，历尽艰险，奔赴延安参加革命。他们为了民族的生存和解放，为了抵抗日本帝国主义强盗的侵略，为了巩固世界和平，在你的怀抱里学习军事技术，学习马克思列宁主义，时刻准备走上抗日民族解放的战场。

抗大，你还记得我破壳而出的那天吗？听无数后辈说，那是1938年，当时延安的文艺活动已经相当活跃，成立有中央剧团、抗战剧团、烽火剧社等文艺团体，逢年过节或者是恰逢各种政治活动时，经常为群众举办文艺演出。为了纪念上海“一·二八”抗战六周年，你培训的学生们和先后到延安的一些革命工作者、上海救亡演剧五队、一队，以及文艺干部训练班、陕北公学的学生联合排演了四幕话剧《血祭上海》，《血祭上海》的剧本是集体创作，朱光和左明是编导，向隅承担了为该剧作曲配乐和手风琴伴奏的工作。

该话剧的主要演员有沙可夫、朱光、李伯钊、徐一新、任白戈、左明、孙维世等，他们中有的是红军时期的革命文艺家，有的是来自上海等地的作家、话剧演员、电影演员，他们的艺术造诣深厚，表演技巧娴熟，表情生动感人。后辈们说起这一次的演出，脸上都洋溢着骄傲和自豪。这一次的演出轰动了整个延安，引起了各界的瞩目，也获得了无数观众的掌声。

我知道我的诞生和这部话剧有着不可磨灭的渊源。有一次，中央领导人观看了《血祭上海》的演出以后，毛泽东等负责同志特别邀请表演人员和有关职员一起吃饭。在饭桌上一些领导同志谈起延安已经有了培养军政干部的抗日军政大学、陕北公学，但是还没有专门的艺术学校。考虑到艺术——戏剧、音乐、美术、文学是宣传、鼓动和组织群众最有利的武器，艺术工作者对抗战而言是不可或缺的，而且延安已经聚集了相当一批文艺干部，又有许多热爱文艺的青年。毛泽东、周恩来、林伯渠、徐特立等同志便联名倡议创办一所专门培养文艺干部的新型学校，并且这一所学校以中国伟大的文豪鲁迅先生命名。于是，鲁迅艺术学院诞生了！

抗大，我诞生了。我想这是我们第一次见面，从此，我和你一同矗立在延安的这片土地上，一起为抗日战争输送人才，一起不忘初心、不辱使命！

抗大，你还记得吗？我校第一届音乐系的学员有十几个人，差不多是从你那儿和陕北公学转过来的。他们大都从事了多年的革命工作，有的对我们的民族民间音乐相当熟悉，比如程安波；有的曾经在上海向外国音乐教师学习过声乐，比如郑律成；还有上海救亡演剧一队的李丽莲、潘奇都曾经在我校第一届音乐系里待过一段时间。

初出茅庐的我，承蒙抗大的关照，才得以循序渐进地发展。除了第一届学员外，有一首歌也与抗大密切相关。

抗大，你还记得《延安颂》这首歌吗？我猜想你一定听过这首曾响彻延安的歌曲。或许你不知道，它的诞生也是因为你……

某天下午，我校的学生到城里开大会，散会以后，学生的队伍走出城门，爬上学校附近的半山坡。莫耶和几个同学站在窑洞前的土坪上，远望着一队队抗大的学生从城里走出来，他们的歌声和口号清晰可闻。此刻，莫耶感觉到自己身上的血液在加速流动，在她身边的音乐系同学郑律成看出了她的心情极不平静，就对她说："给我写个歌词吧！"其实他们两个人以前有过合作，《肉弹勇士》就是莫耶作词、郑律成作曲的作品。此时，郑律成的邀请引发了莫耶心中积蓄已久的情感，她迫不及待地掏出笔，在小本子上挥写道：

夕阳辉耀着山头的塔影，
月色映照着河边的流萤，
春风吹遍了坦平的原野，
群山结成了坚固的围屏，
啊！延安，
你这庄严雄伟的古城，
到处传遍了抗战的歌声。
啊！延安，
你这庄严雄伟的古城，
热血在你胸中奔腾！
千万颗青年的心，
埋藏着对敌人的仇恨，
在山野田间长长的行列，
结成了坚固的阵线。
看！群众已抬起了头，
看！群众已扬起了手，
无数的人和无数的心，
发出了对敌人的怒吼，
士兵瞄准了枪口，
准备和敌人搏斗，
啊！延安，
你这庄严雄伟的城墙，
筑成坚固的阵线，
你的名字将万古流芳，
在历史上灿烂辉煌！

写好了歌词，莫耶又写上了题目“歌颂延安”，然后交给了郑律成。郑律成很快就把曲子谱好了。几天后，在城里举行的一次晚会上，第一个节目就是郑律成和唐荣枚的男女声二重唱——《歌颂延安》。歌一唱完，毛泽东便带头鼓起了掌。第二天，中央宣传部要走了《歌颂延安》的词曲。几天后，我校秘书处主任魏克多拿着一张印好的歌篇找到了莫耶。她接过歌篇发现这正是她的那首歌，不过题目已经改成了《延安颂》。魏克多告诉她，中宣部的同志问她这样的改题有什么意见。莫耶高兴地说："题目改得好呀，叫《延安颂》好！"从此，《延安颂》的歌声便响遍了延安和各抗日根据地。

抗大，你校学员的威武雄姿是这首《延安颂》诞生的起源，然而在我们共同存在的土地上，又何止一首《延安颂》？

抗大，你还记得1940年的"五四"青年节吗？我们联合进行的纪念"五四"青年节的活动，我至今都记忆犹新。

那是1940年5月3日傍晚，我们联合举办纪念"五四"青年节的活动。总校所在地的山坡下有一个平坦的河滩广场，广场中央用六张方桌搭起一个台子，台子上站着一个头戴金冠、身穿白袍、手持橄榄枝的"自由女神"。"自由女神"是文工团的林怡扮演的，她身材修长，神态端庄，象征着祖国被压迫人民对自由和解放的向往。两名身材魁梧的运动员——宫克非、余斯光，身穿背心、短裤、手执熊熊燃烧的火炬，跑步绕场一周后，登上高台，把火炬交给了"自由女神"，"自由女神"舒展手臂，把火炬高举向天。

此刻全场一片欢腾，锣鼓喧天。人们围着一堆堆篝火跳起集体舞大秧歌，军民尽情地欢笑歌舞。之后是纪念大会，会上领导同志讲话言简意赅。接着便是《黄河大合唱》了！

这次《黄河大合唱》的演出有男高音独唱《黄河颂》、配乐朗诵《黄河之水天上来》、男声对唱《河边对口曲》、女高音独唱《黄河怨》。抗大，我至今都记得演出的人员，你还记得吗？《黄河颂》和《黄河之水天上来》的表演者是吕班，他为了演唱好《黄河颂》，每天早起练声练唱，演出时他声音高亢、嘹亮、略带一些沙哑。但由于他的演唱热情、豪放、以情感人，因而演出时他略带沙哑的声音已经不为人们所注意和察觉了。吕班朗诵的《黄河之水天上来》感情奔放、一气呵成！这首配乐诗朗诵是由张桐同志用三弦伴奏的。他凭借对诗朗诵的深刻理解和娴熟的弹奏技巧随着朗诵的抑扬顿挫、起伏缓急而配合伴奏，为朗诵添色不少。《河边对口曲》是男高音李佑民和男中音李自治两个人合作表演的，他们上台表演时化了妆，并且配合一些必要的表演动作，使这首民歌音调的对口曲更加具有感染力了。《黄河怨》是由段芬同志演唱的，她当时是我校的学员，这次演出之后便调到了抗大总校文工团工作，她的音色优美、圆润、明亮。她的演唱感情深切、真挚且细腻，那悲痛愤懑、如泣如诉的歌声深深地打动了观众，连站在舞台上的合唱队员、侧幕条里的乐队队员也深受感染。说白由李蒙同志朗诵，他口齿清晰、声音洪亮，把每一乐章的说白都处理得细致入微，使各个曲目之间承上启下，整个大合唱连接贯通。

《黄河大合唱》演出开始后，整个会场一片寂静，安静得好像我们是对着空旷的原野在歌唱。演出的八个乐章都衔接得十分紧凑，舞台前沿黄河渡船那船舷与船头的布景把观众带到了滚滚的黄河岸边，引到了大合唱的意境之中。舞台的灯光随着演唱情绪的变化而改变着色调，配合了演唱的气氛，充分地发挥了合唱艺术的魅力！

当最后一曲《怒吼吧！黄河》结束后，哑场片刻，突然从观众中爆发出热烈的掌声，持续了三四分钟。在场的除了学生外还有附近村庄的村民，他们自始至终都那样聚精会神地听着。

抗大，当时的盛况你一定记得！演唱结束后观众反应之热烈、情绪之激动，是我始料未及的！这一切都充分说明《黄河大合唱》这一反映中华民族苦难并激励人们争取抗日战争胜利的音乐作品是民族的呼声、时代的声音！

抗大，我还记得演出结束后，罗瑞卿副校长、张际春主任、谢翰文部长和李伯钊校长等领导同志到后台去看望我校的师生们和文工团的同志们，并祝贺他们演出成功。这场《黄河大合唱》在根据地军民中引起了巨大反响，抗大总校的机关干部、学员、战士和附近的部队纷纷前来索要《黄河大合唱》的歌篇，还希望文工团派人教唱当中的曲目。不久之后，《黄河大合唱》中的歌曲在抗大及其周边广为流传，成为广大干部、学员、战士心中热爱的歌。方圆数千里，处处都能听到歌唱孕育我们伟大民族成长的摇篮——黄河，歌唱我们伟大的中华文明、歌唱我们伟大新时代的强有力的歌声！

抗大，除了这次的“五四”青年纪念活动，还有一次在府衙门的晚会，不知你是否还有印象？

时间悄无声息地过去了，太阳的余晖温柔地洒在大地上，黄昏拉开了帷幕，晚会的时间到了。府衙门是那次晚会的举办地，它的门口伫立着两只石狮子，好像是在守护府衙门的守卫，目不转睛地看着进出府衙门的人们。夕阳下的府衙门格外地壮丽，这是一个长方形的场地，场地四周的墙壁上写着“抗日高于一切”“学习坚定不移的政治方向，艰苦的工作作风，灵活的战略战术”等标语，场地前方挂着各种各样的灯，交相辉映。场地上坐着四千多个学生，整个场地充满了年轻人的热情。

抗大，你还记得晚会上互相喊歌的热闹气氛吗？那些声音似乎都还萦绕在我的耳畔：“二大队！来一个！”“我们也赞成！”“是的嘛！”紧接着二大队的歌声便响彻府衙门的场地了。二大队唱罢，叫歌又开始了——“该谁唱？”“四大队！”年轻且有活力的声音此起彼伏，响彻整个场地，静下来一会儿，场地上的学生们就会开始寻找新的目标，突然有人喊道：“李伯钊同志唱歌！”于是，“不要羞羞答答！”“不要扭扭捏捏！”之类的口号声又热闹全场。这位经历过两万里长征的女英雄出现在舞台上，她的歌一唱完，台下的学生们就有了新的要求——“跳舞！跳舞！跳舞！”李伯钊同志勉强地应允道：“好……好！”此时，舞台上多了一位舞伴，他是徐一新先生。舞台上，李伯钊和徐一新在有节拍地跳着舞，台下的观众在跟着节奏拍手叫好，一切都其乐融融。

不知是哪个学生在人群中喊了一句：“便衣队，来一个！”便衣队是指招待所来的人，他们还没有穿上统一的制服，所以大家称他们是“便衣队”。“便衣队”的成员们略微有些扭捏，引得全场都笑了起来……没过一会儿，二大队和三大队又热闹起来，先是三大队的指挥叫道：“欢迎‘手榴弹’独唱！”二大队的指挥也闹道：“欢迎‘干一场’独唱！”两个大队正闹得不可开交，四大队猝不及防地打了个冷拳——“欢迎‘手榴弹’和‘干一场’合唱！”两个人在众多欢呼声中合唱了一首校歌，紧接着吕骥先生也被要求高歌一曲。

抗大，我还记得毛泽东莅临晚会时的盛况，本来热闹的会场，在一句熟悉的“同志们”中安静下来，在场的所有人都安静地听毛泽东的讲话，场子上的气息顿时充满着严肃和庄重。他的声音并不高，可是在鸦雀无声的场地里，每个人都听得清清楚楚！他讲道：“中国的四万万再加上五千万人，一起团结起来怎么会打不过小日本？”一句话点燃全场，在主持人的带领下，全场欢呼：“打倒日本帝国主义！”

在欢呼声中，我校的歌唱节目即将拉开帷幕。抗大，那是多么令人激动的时刻，是我们共同见证的美好记忆啊！

台上的布幕静止了，拉幕者的哨声打断了欢迎鲁艺学院唱歌的喊声，舞台剧之后，我的学生们的节目就到了！场地上无数声“欢迎鲁艺学院唱歌！”“鲁艺学院快快来吧！”我校的一个代表在原地站起来唱起了歌——“我们的歌声唤醒了村民，也唤醒了偏僻的大小村庄，也唤醒了……”紧接着，小提琴独奏、口琴合奏、魔术、小调等轻快精悍的节目也过去了，台下几千双眼睛都目不转睛地盯着舞台，因为，接下来是关系政治变化的“活报”要出场了！短短几分钟内，演员们把国际时事都表演得淋漓尽致。希特勒的凶暴、日本的疯狂、不列颠的犹豫、中国的坚定……都很清楚地告诉所有人，原来“活报”是戏剧的报告文学！

抗大，你还记得晚会是何时结束的吗？我还记得，那是晚上10点半。所有人按照支队的顺序离场，月亮在天空中挂着，皎洁的月光洒在每一个热血沸腾的人身上，伴着沁人心脾的微风，所有人恋恋不舍，迈着缓慢的步伐离开了。

抗大，那一天晚会是我为数不多的记忆中印象较为深刻的事了。从我诞生那天开始，我与你便结下了不解之缘。我们在同一片土地上挥洒过热血，培养过人才。我们一起作过曲、唱过歌。

世界有时候很小，所以要相遇的人终归会彼此遇见。抗大，我遇见你，是一道美丽的风景，如风、如雨、如歌。

⊙ 连冰冰

学俄语、用俄语

延安时期，对外交往相对较少，信息闭塞，但中共中央敏锐地意识到我们需要培养大批懂外语的翻译人才、外交人才，为目前及以后的革命向国际发声做准备，此时建立的延安抗大三分校的俄文队便是我党培养外语人才的最初尝试。

1941年，为适应国际形势的发展，夺取抗战的最后胜利，加强同苏联的联系的同时传播马克思主义，中共中央和中央军委决定，在延安抗大三分校组建俄文队。俄文队也是北京外国语大学和黑龙江大学的前身，北外老教务长罗俊才便是俄文队首批学生之一。

由于抗日战争的特殊环境条件，抗大三分校俄文大队是从军事学院分离出来的。抗大时期的语言学习多是为军事斗争服务，学习日语是为了便于劝降前线日军，学习俄语是为了加强同苏联的联系并尽快学习苏联的先进技术和作战经验。所以，抗大时期的语言学习讲究实用性，追求“速成”。

抗大三分校俄文队一共有五个班，每个班的学生二十到三十人不等，实行军事化的管理。分班依据学生的外语水平，分为“高起”班和“低起”班。“高起”班的学生在此前都或多或少接触过俄语，基础较好；“低起”班都是零基础的年轻人。俄文队的教师有李浩民、刘君、张培成等，助教有王玉、李海、金涛等，他们都曾有过在苏联学习或工作生活的经历，擅长用俄语讲授马列主义理论。教员除了中国人外，还有朝鲜人韩斌、李荣华，越南人黄正光，这些教师多数没有教学经验，在实际教学中没有理论灌输和教条主义，一切从实际需求出发。此外，他们都不是专职教师，除了教书外每个人还有自己的革命工作。

当时的教师谈不上专业，却能凭借一颗热忱之心，在艰苦卓绝的条件下进行俄语教学，传播马克思主义。当时没有现成的教材，甚至没有参考资料，老师们便根据自己的实际经验编写教材供学生们学习。教学材料的来源广泛，主要可分为三类：一是从《真理报》《消息报》《红星报》等苏联报刊中选择的社论、通讯指导和重要政治军事消息的时政类报道；二是从《联共党史》《列宁文选》、高尔基以及其他苏联作家的作品这些现有俄文书籍中节选的部分章节；三是教员用俄文自编的反映延安生活的文章，如延安的气候和生产运动、同国民党的斗争、抗战小故事、领袖人物记述，以及《军事文选》《时事述评》和《俄文会话读本》等材料。教学内容不仅侧重于军事方面，也考虑到延安地方文化的俄语表达，能够帮助学生有效地学习俄语。

抗大三分校俄文队教学条件艰苦，但丝毫阻挡不住学子们学习俄语的热情。破旧的窑洞和露天的树荫便是教室，扎个马扎把笔记本放在膝盖上便是桌椅，老乡借来的门板用锅上刮下来的黑锅灰涂黑便是黑板，钢笔头绑在玉米秆上，蘸自制的“墨水”，便是自来水笔，老师把教学内容写在黑板上边讲边让学生抄写。

罗俊才感触很深的还有当时学习用的辞典。那时候整个学校都没有一本中俄辞典，但是不知从哪里找来了一本日俄辞典。日语里面会用到汉字，于是全校二百多人就通过日语解释里面零星的几个汉字来猜俄语单词的意思。有的时候能够猜对，但是有时中日使用的字意并不相同，便猜错了，闹了笑话。

1941 年，延安受到了敌军的四面封锁，物资供应困难，为解决生存问题，学生们边生产边学习，开荒、种地、缝衣服、挖窑洞都要学生自己动手，学习时间极为有限。罗俊才回忆，他在延安从 1941 年到 1945 年共住了四年时间，学俄语至多两年，占了一半时间，另一半时间用于生产劳动和政治运动。而学业与生产劳动也是互相穿插着的，比如，开荒下种后到生长出来有一段农闲时间，这时候就安排大家去上课；一段时间后要上山锄草，课就得停下来。

尽管学习条件艰苦，学习时间极为有限，但同学们的学习热情却依然高涨。

不管是教员还是学生，总会在有限的条件中找出更多学习俄语的好方法。罗俊才回忆了当时学习俄语的经历。

为了记忆单词，学生们会在每日出操的过程中由教员带领着用俄语喊操。每日重复，单词就像口号一样清晰入脑，再也不会忘掉了。上山劳动过程中，学员会充分利用劳动间隙学习。大家会在背粮路上每个人找一张小纸片，写几个单词或句式贴在后背上，让后面的人记。教员也结合生产劳动，编写一些相关的生词和句子写在小黑板上，供大家在食堂吃饭时记忆，饭后上山也把小黑板提上，挂在树上，休息时大家也可以念一念，练一练。

为了营造俄语练习氛围，提高听力和口语水平。那时候会有一些苏联的电影被送到延安革命区，这些片子成为学生们练习口语的绝佳材料，也丰富了学生们的课余生活。在教室、宿舍、俱乐部、礼堂还都贴有俄文的标语、语录和墙报，营造了良好的学习氛围。同时，学校要求学员在学习生活中避免使用汉语交流，在起床、上操、上课、开会、生产、散步、爬山、访友、饭馆聚餐等日常生活场合都使用俄语交流，并把这条作为纪律规定下来，这项纪律成为俄文学校学员受益最大最多的一种教学方式。

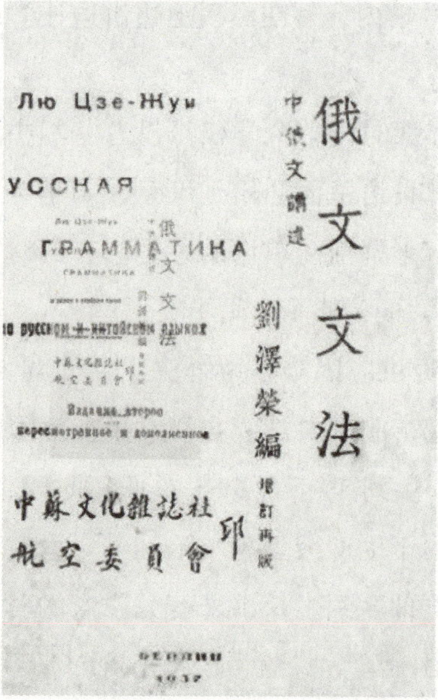

俄文大队使用的教材

学员在劳动和学习过程中也结下了深厚的情谊。下课后，同学们还会相互交流，查对笔记，补充上课没有记录下的内容，达到每节课学习效率最大化的效果。为了创造俄语学习环境和气氛，同学们互为语伴，练习对话。罗俊才回忆，当时每周仅发二两麻油点灯，为了节省使用，同学们只是在睡觉铺床时点一下灯，睡下即吹灭，所以对话练习一般安排在晚上没有灯的时候，白天做书面作业。当时虽然纸张比较匮乏，但是每个人仍然要制作一个非常简陋的单词本带在身上，无论是种地的间隙，还是上厕所方便的时候，都抓住一切可以学习的时间去背单词。同学之间也经常相互测试，开展小竞赛，相互促进提高。

时至今日，罗俊才依然记得，毛主席在抗日军政大学毕业证书上写的“勇敢、坚定、沉着，向斗争中学习，为民族解放事业随时准备牺牲自己的一切”。抗日革命的硝烟已离我们远去，但先辈留存下的抗大精神却依然鲜活。虽然物质条件艰苦，但精神生活丰富，怀着对革命理想和共产主义的信念，抗大青年努力地学习外语，以期有朝一日能够报效祖国。“当年的学习全靠自觉，但是很少有人偷懒。这是因为到延安学习这个机会对于学生来说无比宝贵，学生也对此倍加珍惜。更是因为每个人的心里都有革命理想，为着共产主义而奋斗。”回忆起当年延安学习的峥嵘岁月，罗俊才激动地说出了上面的话。

文艺：恰同学少年

活跃的抗大救亡室

1936 年 6 月 1 日，瓦窑堡（现子长县城）米粮山上的旧庙堂前红旗招展，歌声震天，中国人民抗日军事政治大学的前身抗日红军大学的第一期开学典礼正在这里举行。

庙堂前的空地上临时堆起一个土台，放上一张长桌，摆上几条木凳，主席台上方悬挂着中国人民抗日红军大学开学典礼的横幅，四周墙上贴着各色标语，典礼的气氛显得庄严而隆重。

日后闻名中外的抗大就这样诞生了，从它诞生之日起就肩负着争取中华民族解放复兴的重任。面对极端艰难的办学条件，一批批的学员艰苦奋斗、自立自强，书写着别样的红色青春。恰同学少年，风华正茂，爱国激情与报国理想在青春中飞扬。

学员在抗大除了日常的学习、训练外，也有着丰富多彩的业余文化生活，再恶劣艰难的环境，都浇灭不了一群十几二十几岁青年的革命热情。围绕着反抗侵略、追求解放为主题的歌咏、戏剧、竞赛层出不穷，这其中抗大的“救亡室”更发挥了不容忽视的作用。

“救亡室”的缘起

抗战时期，为了更好地贯彻党的抗日民族统一战线政策，抵御日本侵略者，达到救亡图存的目的，“救亡室”最先在陕甘宁边区应运而生。它是由边区军民参与的一种学习生活的团体组织，不属于边区政府的行政机关，但在抗战时期发挥了动员和纽带的作用。它以灵活丰富的活动内容、广泛的活动领域，在宣传、教育、娱乐等方面有力地支持配合了抗日救亡工作，为抗战的最后胜利做出了积极贡献。

陕甘宁边区救亡室与苏区时期的列宁室有着密切的关联，是从其逐步演化而来，最早便是在抗大成立的。抗大的前身抗日红军大学本身就有列宁室，改为抗大后，列宁室依旧正常运作。

随着日本帝国主义侵略的不断加剧，全面抗日战争的爆发，民族矛盾逐步替代了阶级矛盾，中国革命的首要任务发生了变化，同时列宁室的活动与目标也发生了改变。在时任抗大副校长罗瑞卿的倡议下，自抗大三期开始，结合基层工作实际形势，将红军时期的列宁室更名为“救亡室”。

现存记录当时抗大生活的史料《抗大动态》中记载：“救亡室，在别的地方听起来是比较生疏而新颖的名词，但在延安地方，却是耳熟的东西，尤其在抗大，可以说是在每一个队或每一个学习单位里，都有救亡室的组织，它占有学习生活中最主要而有力的一环，学生中的一切活动，都包括在里面。”

成立之初的救亡室就有着明确的目标，救亡室是群众性的团体组织，主要是作为根据地学校中组织群众性课外文化娱乐活动的领导机构而存在，目的是采取各种文化娱乐方式推动抗日救亡工作，实际上是俱乐部的性质。

1937 年抗大全体教职员合影

民主分工，组织有力

为了能够更好地开展活动，抗大的救亡室也克服了不少困难，有着自己特别的组织分工。最初的救亡室和抗大的其他教室类似，都是将打扫整理后的荒山野洞作为所在地。当时，这些根据地的破窑洞年深日久无人居住，洞内外积存的只有成山的腐草、羊粪，人走过去还可能会遇到迎面乱飞的蝙蝠。

经过一期期学员的努力，救亡室的陈设布置有了极大的改善，变得宽敞、整洁、明亮。一般里面总是会张贴着孙中山先生或马克思、列宁同志的画像照片和各种式样的救亡标语，偶尔也会见到陈列的各种图书和娱乐品。唱歌、弹琴、下棋、打乒乓球等这类文体活动都可以在这儿进行，不过特别的是抗大救亡室里的娱乐往往也离不开教育的意义。

当时抗大在校部和大队部设有俱乐部，各个学员队也都建立了自己的救亡室。它们的组织形式大体相同，以一个队里来说，全体一百二十人左右，这样的一个队及人更少一点的伙食单位，就有救亡室的组织。救亡室组织的方法，是全体学生开大会以民主的方式来选举出救亡室负责人，又由当选的负责人成立一个救亡室的委员会来领导开展工作。

这样的办法既坚持了民主集中制的组织原则，又调动了每个学员的参与积极性。救亡室委员会设有会主任，主任下设有各种委员会，如墙报委员会、文化娱乐委员会、体育委员会、募捐委员会、竞赛委员会等。

救亡室主任与各个委员会各司其职，相互协作，共同完成了不少任务。救亡室委员会主任是总负责人，负责领导救亡室的总体工作。墙报委员会负责编辑和出版墙报，每两周出版墙报一次，主要内容有学员所写的诗歌、文章，还有新闻、军事、谜语等，目的则都是用来表扬、批评、交流经验，或是宣传革命理论、教育政策等。

文化娱乐委员会的任务是组织歌咏、戏剧等活动。往往会先在小组内推选出一名歌咏干事，领导开展唱歌活动，而各大队都有合唱队，由各队的优秀歌手组成。学校还曾经为了推动全校歌咏活动的开展，专门组织了抗大歌咏研究指导委员会，负责唱歌、教歌及创作歌曲。在平时生活或学校举行纪念日活动时，经常可以看到抗大学员自编自导自演的各式戏剧，这些革命戏剧也为抗大的文艺青年们提供了一方展示自己的舞台。

体育委员会负责学校的体育活动。包括组织排球组、篮球组、乒乓球组、田赛组、径赛组等工作；同时，他们还选派优秀学生运动员参加八一运动会、陕甘宁边区运动大会等比赛，都有着优异的表现。此外，还有募捐委员会、竞赛委员会等，负责募捐、革命竞赛方面的各项工作。

“毛主席给咱题词啦！”

曾经的抗大三期学员牛克伦[①]在他的回忆录中特别回顾了那段救亡室往事。

1937 年 12 月，牛克伦和其他几个北平流亡学生一道奔赴延安，兴致勃勃地去抗大第三期招生处报到，随后便立即被分配到第三大队第九队学习。恰巧那天正赶上第九队召开全体学员大会，要选举产生救亡室委员会，成立九队救亡室。

那一天的延安，刚刚下完了一场大雪，天刚放晴，红红的太阳照得黄土高原暖烘烘的，为这群从五湖四海奔赴革命圣地延安的年轻人增添了几分喜气。为了开会，全队一百三四十人集合到府衙门内一个古老的戏台前坐下。

时任队指导员的李振邦操着一口浓重的湖南口音说道：“同学们，今天的学员大会要民主选举产生本队的救亡室委员会，按着民主集中制的原则，在选举之前，我们要先推举一个主持会议的主席。”

虽然是刚刚来到陕北，甚至还穿着便衣没有领到配发的军服，但因为之前开展学生运动的突出表现，牛克伦还是被推举为临时主席主持会议。

“一二·九”运动时，牛克伦便是北平大学法商学院“救国会”委员、纠察总队队长，在游行示威中当过总指挥。1937 年“七七事变”后，日军侵占北平，牛克伦和一些北平其他大学的“救国会”学生干部历经艰辛，冲破敌人层层封锁，经天津辗转到了烟台、济南、郑州、开封、西安等地，组织了“平津流亡

① 牛克伦，河南省封丘县人，1915 年生。1935 年考入国立北平大学，同年参加共产党外围组织“中华民族武装自卫会”，参加了“一二·九”运动。1937 年入党，同年入抗大。后长期从事军事院校工作及军事外交工作，曾任洛阳步校政委、驻苏使馆武官、朝鲜停战委员会中方委员、国防大学外训系政委，1981 年离休。

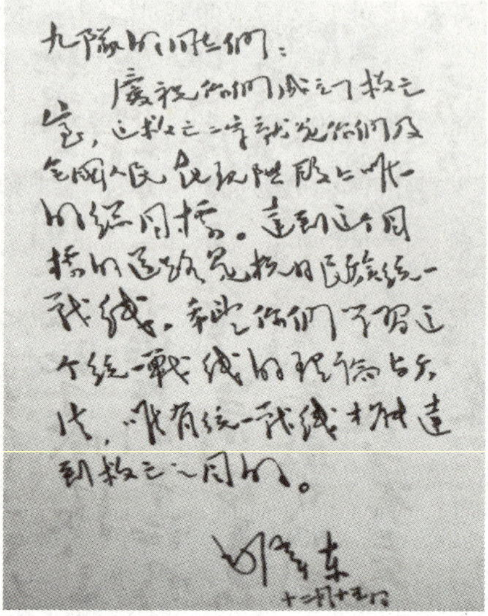
九队的同志们：

庆祝你们成立了救亡室，这救亡二字就是你们及全国人民在现阶段上唯一的总目标。达到这个目标的道路是抗日民族统一战线。希望你们学习这个统一战线的理论与方法，唯有统一战线才能达到救亡之目的。

毛泽东
十二月十五日

毛主席亲笔题词批示

学生会”，帮助了更多流亡知识青年分赴延安和其他抗日革命根据地。在这一过程中，他也积累了丰富的革命实践经验，被推举为大会临时主席也是实至名归。

会议的选举结果，牛克伦被选为九队的救亡室主任，郝仁初（原为刘唯宁）被选为经济委员，左明被选为文娱委员，还有墙报委员吴冷西（后为胡成放），体育委员由牛克伦兼任，这样就基本组成了九队救亡室委员会。

在那之后，第三大队的其余各队也纷纷组织起了自己的救亡室，各队救亡室之间也总是相互观摩，总结交流经验，有时还会互相检查开展革命竞赛和评比活动的情况，这些都促进了救亡室活动的组织开展。

由于抗大三期九队的救亡室是由原来“列宁室”正式更名“救亡室”后，成立的第一个救亡室，因此得到了中央各级领导的重视。毛主席在得知九队成立救亡室的消息后，十分高兴，很快便做出了批示，赞扬九队救亡室成立得好，并且亲自题词：

> 九队的同志们：
>
> 庆祝你们成立了救亡室，这救亡二字就是你们及全国人民在现阶段上唯一的总目标。达到这个目标的道路是抗日民族统一战线，希望你们学习这个统一战线的理论与方法，唯有统一战线才能达到救亡之目的。
>
> 毛泽东
>
> 十二月十五日

九队的救亡室刚刚成立不久，毛主席即有专门的题词批示，这样地迅速及时还是大大出乎了学员的意料。虽然批示内容并不算长，但还是让队里的每个人倍受鼓舞，“既然毛主席都给咱题词了，咱就更得好好干，一定干出个样儿来！”

当时之所以有那么多的知识青年克服重重困难，不远万里来到抗大学习，正是为了寻找救亡的理论、道路和方法，毛主席的批示及时给大家指明了努力方向，增添了寻求真理的信心、决心。

文化娱乐活动成果颇丰

救亡室里开展的活动丰富多彩，甚至当时的抗大还流行着这样一首打油诗来形容救亡室的活跃：“救亡室内文娱多，书画琴棋吟赋歌。秦腔京剧兼杂技，秧歌款款舞婆娑。”

事实上的情况也的确如此，大量具有抗日救亡时代特征的优秀文艺作品不断涌现。不仅仅是激发、鼓舞了学员的革命热情，同时也培养了大批文学、戏剧等方面的人才，为日后党的文化艺术事业输送了不少人才。

在抗大内部，救亡室平均每半个月筹备一次娱乐晚会，有音乐、戏剧、魔术、谜语等。第三期的教职学员曾演出《血祭上海》，第四期演出过京剧。另外还有话剧、歌剧，如《台儿庄大胜利》《火焰》《反战潮》《海之歌》《樱花曲》等，在边区革命根据地都引起了不小的反响。而由抗大学员自己创作的歌曲，如《战斗》《保卫西北》《抗战突击动员》等，也都在根据地内广为传唱。

关于救亡室里的戏剧演出，牛克伦曾在他的回忆文章中这样写道：

“在我们九队里有一批文艺骨干，如上海‘救亡演剧二队’的左明、张平、莫耶（女）和孙炳文烈士的女儿——话剧演员孙维世，都编在我们队，所以戏剧活动特别突出。1938 年 1 月 28 日，抗大举行纪念‘一·二八’淞沪抗战六周年运动大会及戏剧、歌咏比赛，九队都获得了第一名的好成绩。其中因为在话剧《黄浦江头》中扮演大小姐的孙维世表演得十分出色，从此孙维世还得了个‘大小姐’的绰号。”

救亡室还经常会根据抗大各阶段的教学内容，组织召开各种专题讨论会、辩论会和演讲会等辅助教学活动。他们出版墙报，交流同学们的学习心得和经验，进行学习问答，重点解决学员中提出的问题，表扬好人好事，同时还对不良倾向和错误观念进行指正批评。每逢节日、纪念日或学习告一段落就会出版一期墙报特刊，多的时候一个月能出几期，救亡室内也总是被五颜六色的墙报布置得满满当当，成为另一道有别于戏剧歌咏的独特风景线。

独特效能，影响深远

在当时根据地艰苦的生活环境下，救亡室的存在调剂了抗大学员的业余生活，使他们保持活泼、愉快、健康，物质条件的匮乏更加彰显出克服一切困难的理想信念的宝贵。任何困难都是暂时的，即使眼下的生活充满了对于国家前途的迷茫与对民族命运的担忧，但燃烧在抗大青年心中的爱国热情却从未熄灭。

救亡室的意义还在于利用文化娱乐的方式，进行辅助教育，使抗大学员所学习的不仅是正规课堂里的知识，而且还能于正规课堂之外获得许多新的、活的内容，这样更加丰富了他们的学习。在一次次的文娱比赛和运动会中，同学之间的感情得到加深，个人意志品质得到锻炼，也有了互相分享先进学习经验的机会。同时，用集体的、团结的方式来培养学员，也正符合了抗大"团结、紧张、严肃、活泼"的校风。

抗大在建校之初就有着明确的办学目标，提出要运用集体的分工和群众的力量来辅助学校行政的管理，培养学生自觉自治的能力，以及培育高尚的、优秀的革命军人的道德人格。在这样的思想指引下，救亡室的建立也充分遵循了民主集中制的精神，当时初入抗大的青年学生大多受到社会民主思潮的影响，难免有些"极端民主"的倾向，但后来渐渐地在救亡室活动的陶冶训练之下，思想政治水平有了很大的提升，树立了自主学习、自我管理的意识。

结语

抗大的每个清晨，你总是能听到此起彼伏的歌声响彻在校园的每个角落。"起来，同胞们！起来和鬼子们拼，他占领我们的土地，屠杀我们的同胞……起来，同胞们！起来和鬼子们拼！"

这响亮、激昂的歌声，不仅是每个抗大学员的心声，更是亿万万蒙受苦难的中国人民的心声，在民族危亡的关键时刻，这样的呐喊代表了民族精神的集中迸发。学员总是在开饭前唱，在出操、行军途中唱，在毛主席讲话做报告的间隙更是唱得震天响。活跃的救亡室也在这汹涌澎湃的歌的海洋中彰显出了自己的作用与价值，虽然救亡室最后因为各种原因逐渐退出了历史舞台，但它在抗大、在抗战时期所发挥的重要影响却不应该被人遗忘。

抗大救亡室内组织开展的各类文艺体育活动，极大地鼓舞了人们抗争到底、绝不屈服的精神和信念，激励着一期又一期的抗大年轻人勇往直前，随时准备着为民族解放事业牺牲掉自己的一切。正如抗大校歌中所唱的那样，“像黄河之水汹涌澎湃，把日寇驱逐于国土之东，向着新社会前进，前进！我们是劳动者的先锋！”

⊙ 王良珞

青春的歌声

“团结、紧张、严肃、活泼”是中国人民抗日军政大学的校训。“紧张、严肃”与“团结、活泼”相辅相成，体现出一种张弛有度的教育思想和人生哲学。提及抗日军政大学，人们更多联想到的可能是当时严峻的抗战形势和严肃的学习氛围。但事实上，当时的抗大汇集了来自各地的流亡学生和文化界的进步青年，对于这样一群朝气蓬勃的抗大学员来说，在“紧张、严肃”的学习工作之外自然也少不了“团结、活泼”的文艺活动。“抗大有着严肃、紧张的作风，但他们不是成天板起面孔，相反地，他们都是天真活泼的中国青年。”在文艺生活中，“歌咏”自然占据了至关重要的一部分。如罗杰·诺斯所言，音乐的目的，一是以纯净之和声娱悦人的感官，二是令人感动或激发人的热情。音乐的力量在抗大的教育中，乃至在整个抗战中都起到了不可替代的作用。在青春的歌声里，在欢快愉悦的氛围中，抗大的学员激扬起了更高的斗志，紧紧地凝聚在一起。

我们怎么唱

抗大的学习生活条件是艰苦的，但抗大学员的精神面貌无疑是振奋的，充满着革命乐观主义精神，这与抗大丰富的文艺生活，尤其是歌咏是分不开的。“歌咏已经成为抗大生活的一部分。”众多的有关抗大的回忆文章中都提到过抗大人对于歌咏不可思议的热情。如果来到当年的抗大，就会发现无论是在队伍集会、行军时，还是在黄土高坡劳动、在河边洗衣时，抑或是学员向群众宣传抗日思想时，只要几个人聚在一起，歌声就会响起来。就连杂务人员住处的墙壁上也被学生们画上了歌谱，在学生们的帮助下，这些勤务员和炊事员也拥有了自己的晚会，凭借歌喉也能成为受欢迎的“大众歌手”。 当时的延安被誉为“歌咏之城”是毫不为过的，抗大的歌声在其中很有名气。

抗大的管理者们十分重视歌曲的宣传教育作用，群众性歌咏活动在抗大开展得红红火火。“在抗大战斗性的生活上，唱歌成了一切工作的政治动员、突击动员的号角。”抗大的每个大队将自己队伍中的“好嗓子”聚集起来组成合唱队，大队下属的各队都由自己的歌咏组长来负责本队一百多人的歌唱事宜，工作不积极的歌咏组长还会受到同学们的批评。

对于拉歌文化，军队的战士们和经历过军训的学生们自然都不会感到陌生。在训练之余，大家席地而坐，分成不同阵营互相挑战，你方唱罢我登场，吼声和节奏挥洒着青春活力，营造出热烈的氛围。热闹的拉歌场面也是抗大集会或晚会前不可或缺的一环，人们在会场刚刚坐定，角落中马上就会敲响战鼓——“欢迎 ×× 队唱歌！”其他的队伍便一起向这一队发起攻势，受到攻击的一方自然也不甘示弱发起反击，一场活跃的竞赛便又开始了。为了拉歌，每一个单位都选出了自己的啦啦队和指挥，在他们指挥的引导下，简陋的礼堂里或操场前口号声、掌声、歌声如海浪般此起彼伏。“有着特别技术的鼓掌，在统一指挥下的鼓掌，是拿手好戏，快如暴风急雨，慢时一板三眼，整齐得像一个人一样。”在当年的抗大刊物《抗大动态》中，一位观众生动记录了一场晚会的种种花絮，其中就包括热烈的拉歌“竞赛”：

二大队，来一个吧！

该谁唱？四大队！该谁唱？四大队！

我们也赞成！

不要忸忸怩怩！不要羞羞答答！接受群众要求！

唱得好，唱得妙，唱得呱呱叫！

欢迎艺术学院唱歌！

欢迎教员训练班唱歌！

我们唱什么

歌咏的兴盛自然是和好的歌曲分不开的。抗日战争时期，大批文艺家从国统区来到延安，其中就包括如冼星海、贺绿汀、吕骥、张寒晖这样优秀的音乐家。新鲜的文艺血液丰富了延安的红色文化，也带来了新的救亡歌声。在抗战时期，延安众多的文艺团体和组织创造出了一批优秀的抗日救亡歌曲，它们饱含着热情和理想，或雄浑激昂，或细腻婉转，对教育、动员抗大学子以及广大根据地的群众起到了重大作用。

说到抗大的歌曲自然离不开《抗大校歌》，它的“革命音调和果断节奏”陪伴着学员走过美好的青春和战争的硝烟，是抗大学员最为熟悉的记忆。在作曲者吕骥先生的回忆中，“黄河汹涌澎湃的形象”“英雄红军的艰苦长征”“各地青年历经艰难汇聚到抗大”这些伟大的现实是《抗大校歌》成曲的灵感和基石。作为抗大精神的代表，《抗大校歌》凝聚了时代对于青年人的殷切期盼——民族危亡之际，需要优秀的中华子孙担负起救国救民的责任，以黄河之势驱逐日寇，将历史的车轮推向崭新的社会。

黄河之滨，集合着一群中华民族优秀的子孙。
人类解放，救国的责任，全靠我们自己来担承。
同学们，努力学习，
团结、紧张、严肃、活泼，我们的作风，
同学们，积极工作，
艰苦奋斗，英勇牺牲，我们的传统。
像黄河之水，汹涌澎湃，
把日寇驱逐于国土之东，
向着新社会，前进！前进！
我们是劳动者的先锋！

——《抗大校歌》

在当时延安的歌曲创作中黄河是一个常见的意象，而将这一意象运用得最气势磅礴、雄浑壮阔的莫过于《黄河大合唱》（光未然作词、冼星海作曲）。1939 年，冼星海深深共鸣于光未然创作的朗诵诗《黄河吟》，以极大的热情抱病连续创作六天完成了《黄河大合唱》的作曲。《黄河大合唱》具有鲜明的时代精神，如黄河的咆哮般展现出中国人民的苦难斗争，庄严讴歌了中华民族坚强不屈的伟大精神和英勇气概，很快便成为影响全国的抗日主旋律。受冼星海《黄河大合唱》的影响，郑律成邀请公木共同创作了《八路军大合唱》，其中的一首《八路军进行曲》以其激昂雄壮的旋律成为各抗日根据地鼓舞军威、激昂斗志的精神力量。《八路军进行曲》几经更名，被重新填词为《中国人民解放军进行曲》，进而被定为《中国人民解放军军歌》，成为中国人民解放军的重要标志。这两部合唱如山岳般屹立在抗战青年们的心中，鼓舞他们的士气，坚定他们的方向。

风在吼，马在叫
黄河在咆哮，黄河在咆哮
河西山岗万丈高，河东河北高粱熟了
万山丛中抗日英雄真不少
青纱帐里，游击健儿逞英豪！
……

——《黄河大合唱》

向前！向前！向前！
我们的队伍向太阳！
脚踏着祖国的大地，
背负着民族的希望，
我们是一支不可战胜的力量
……

——《八路军进行曲》

受苏联文化的影响，当时从各地来到延安的艺术家们不仅自己创作歌曲，同时也翻译了许多苏联歌曲，通过口口相传的方式在广大根据地流传。苏联歌曲中的时代精神和青春热情也深深鼓舞了抗大学子们，其中比较有影响力的是由杜纳耶夫斯基创作的两首电影插曲《快乐的人们》以及《祖国进行曲》。两首歌饱含着鲜明的时代精神，在苏联有着很大的流传度和影响力。活力奔放的《快乐的人们》受到苏联青年的热烈欢迎，《祖国进行曲》则大气辽阔，被称为苏联的“第二国歌”。在《抗大动态》中就有一位艺术学院的代表在晚会上演唱《快乐的人们》的记录。

> ……
>
> 快乐的心随着歌声跳荡，快乐的人们神采飞扬，
> 我们的歌声唤醒了城镇，也唤醒偏僻的大小村庄。
> 这歌声给我们最大的力量，引导着我们奔向前方，
> 谁永远跟它一路前进，他一定永远也不会灭亡。
>
> ——《快乐的人们》
>
> ……
>
> 春风荡漾在广大的地面，生活一天一天更快活。
> 世上再也没有别的国民，更比我们能够欢笑；
> 如果敌人要来毁灭我们，我们就要起来抵抗。
> 我们爱着祖国犹如情人，我们孝顺祖国像母亲。
>
> ——《祖国进行曲》

对抗大学子来说，青春也是多种情感的交织。青春的合唱既包括慷慨的豪情和高昂的斗志，亦不乏情真意切的细腻表达。爱情与友情也是抗大青年们歌唱的对象，这些情感在救亡图存的时代背景下显得尤为高尚和动人。《延水谣》写于 1939 年，歌曲借用了延水的意象，描写了少女送情郎参军报国时的心境。歌词中少女形象既不舍离别，又深明抗日大义，代表了当时抗日根据地的青年们以抗日救国为己任的崇高情怀。

抗日救亡的学生们从五湖四海汇集到抗大，为了伟大的事业一起学习、劳动，组成了一个温暖的大家庭，积淀了深厚和纯洁的友谊。志同道合的友谊最为珍贵，但相聚总会有离别。在一批批抗大学员毕业之际，《毕业上前线》的歌声总会在人群中响起。驱逐日寇的使命还在前线和敌后呼唤，纵使难舍抗大，难舍相伴已久的宝塔山和延河，难舍彼此，学员依然会洒脱地挥挥手，彼此道一句："别了！同学们，我们再见在前线！"

延水浊，延水清，情郎哥哥去当兵，
当兵啊要当抗日军，不是好铁不打钉，
拿起锄头好种田，拿起枪杆上火线，救国有名声！
延水清，延水浊，小妹子来送情郎哥，
哥哥你前方去打仗，要和鬼子拼死活，
奴家织布又开荒，冬有棉衣夏有粮，莫为奴难过。
延水浊，延水清，情郎哥哥去当兵。

——《延水谣》

这是时候了，同学们，该我们走上前线。
我们没有什么挂牵，纵或有点儿留恋。
学问总不易求得完全，要在工作中去锻炼。
国难已经迫到了眉尖，谁有心意长期钻研。
我们要去打击侵略者，怕什么千难万险。
我们的血沸腾了，不除日寇不回来相见。
快跟上来吧！我们手牵手，去同我们的敌人血战！
别了，别了！同学们，我们再见在前线！

——《毕业上前线》

除了专业的音乐家们的作品，抗大学生们的自发创作也是抗大文艺的重要组成部分。"抗大学生的创造性是最强的，于是在吕骥先生的指导下，中国的悲

（贝）多芬们不断出现。”在 1938 年，伴随着前线日趋紧张的抗战局势，已有的抗战歌曲和创作无法满足宣传和学习的需要，于是抗大开始鼓励学员进行歌曲创作，大家的积极性和创造性被调动起来。在临汾失陷、边区被敌人侵袭时，由学生创作的一首《保卫边区歌》在边区广为流传，起到了积极的动员作用。据《抗大动态》记载，由抗大学生们创作的歌曲共有五十余首，这些作品虽然在作词作曲的技巧上有所欠缺，但都饱含着高昂的政治热情，受到学员的热烈欢迎。

边区是我们抗日的根据地
……同胞们，起来！
拿起我们一切武器
前进，勇往前进！
坚决保卫边区！

——《保卫边区歌》

上述的众多歌曲虽然并不能涵盖抗大歌咏的全部，但却从侧面为我们展现了抗大学子鲜活的精神面貌。无论是恢宏的合唱还是委婉的小调，无论是伟大的旋律还是无名的拙作，在抗大学子口中传唱的这些歌曲都是抗大精神的宝贵载体，向如今的人们诉说着当年的峥嵘岁月。它们见证了在 20 世纪三四十年代的民族危亡的岁月里，一群充满热血和理想的青年人在最美好的年纪走进抗大，在接受抗大精神的洗礼后奔赴沙场，为民族的解放英勇奋斗。跨越八十载时光，当歌声再次响起，我们仍能感受到当年抗大学子们炽热如火的青春。

⊙ 孙均雄

青春的角色

沂蒙山区是中国的革命老区，也是我国近代教育的摇篮，中国抗日军政大学一分校滨海建国学院就曾在这里建校，至今沂蒙山下仍流传着许多当年的英雄故事，现代情景剧《沂蒙情深》就还原了其中的一些片段。

抗大往事，沂蒙山下播种生芽

如果顺着这部情景剧的剧情，将历史的时光轴拨回到72年前，回到滨海建国学院成立的那天，历史的场景就像窑洞里摇曳的烛光一样，恍惚中变得清晰。

1941年，抗大一分校的队伍从晋东南太行山行军过来，教员、学生暂住在临时搭建的草棚里，黄土块儿当作粉笔在木板上写字授课。所有人都知道，这不是长远之计，而要容纳几千人队伍的学校在短期内是不能建成的，全体师生的安置成了当时最棘手的问题。就在那个时候，即将新婚的沂蒙山区小伙“大壮”主动将自己的新房让给了学校。

昔日的抗大一分校滨海建国学院，也已成为现在的临沂大学，前辈们艰苦奋斗，英勇杀敌的故事，已经成为临大师生德育教育的经典教材。校园里随处可以看到当年抗大一分校留下的痕迹，提醒着后人要不忘先辈功绩，扛起时代责任的使命感。就像临大校歌中所唱的那样：“上善沂水风范崇实蒙山品质，反哺父母沂蒙，我们一肩担起。”

长大后我就成了你，我们的今天也曾是他们的昨天，同样承担着时代所赋予的青春角色。当年抗大师生的故事被青年学子演绎，时过境迁之后，我们会不禁自问：当年的抗大留给我们的到底是什么？

回答可以是这样一句话：聚是一团火，散是满天星。抗战后期和新中国成立以后，以中国抗日军政大学或其分校为基础组建的众多高校，现在仍然是新时代强国、强军目标的先锋，它们从战火中走来，风采依旧。

当年的抗大学员在战火中成长，成为民族解放的脊梁，几十年后的今天，还可以在很多高校中看到抗大的影子。

如今的校园生活和过去已经大不相同，周围再没有敌人可怕的扫荡和震耳欲聋的枪炮声。在当年那种情况下，抗大校歌中“团结、紧张、严肃、活泼”的句子就是学员生活很真实的写照。每一代人的青春岁月可能有所不同，但青春的记忆中总会有一些似曾相识的东西。

露天戏剧，峥嵘岁月里的青春

不要以为，晚会是现在高校学生的专属，抗大的晚会也相当多。队里有队里的晚会、大队有大队的晚会、全校有全校的晚会、干部和后勤人员也有自己独立的晚会，现场的热闹劲儿并不比现在的晚会差。也正是因为这样，师生们对于戏剧的要求很高。可是也不用担心“剧荒”，这些晚会为从全国各地甚至海

中国人民抗日军政大学的学生们

外而来的“影人”“剧人”和青年作家等文艺青年提供了施展才华的平台。

有关资料中记录着一段抗大学子表演话剧的故事。“这儿的物资是很困难的，灯光是汽油灯，布景也不很完全，甚至可以说没有。其他化妆品、服装都很不充足，可是并不能因此限制我们戏剧的发展。我们会发明许多代替品来应用，最重要的是最近发明了比较有价值、适合于战时情况与物质条件受限制下的露天剧，不要搭台子与布景，亦能表演。”

没舞台？露天剧？汽油灯？这些关键词似乎与话剧没有什么关系。因为一提起话剧或者情景剧，我们就会很自觉地联想到高雅的殿堂与完美的灯光音乐配合。天色渐暮，汽油灯点起，露天训练场上年轻战士可能刚打靶归来，吃过晚饭，排着队列在开场前的空闲时间拉歌对唱。那时的抗大，只要有活动，都是全体动员的，教导员和勤物员等都在观众之列，当然首长也不例外。

院子里没有绚丽的灯光秀，只有天上的繁星闪烁，乐团的演奏声拉开了话剧的序幕。而这些剧是穿着粗布衣裳的演员们，牺牲了他们应有的休息时间去排演的。《天阳旗下》《游击队的开始》《飞将军》《台儿庄大胜利》《最后胜利是我们的》，你方唱罢我登台，一部部话剧逐一开演。可能就是一身军装，同一个人可以演出几部剧里的角色，台下偶尔会传来交头接耳的声音，可能是在争论某一剧情的发展，也可能是在议论文工团的“抗大校花”，只要演员不谢幕，大家听到露水打湿裤脚都不会走。如果不去联想当时的时代背景，这多像是现在高校学生的社团活动啊，青春的角色在历史的舞台上闪亮着。

学校驻扎在像“大壮新房”一样的民居里，校门口还堆放着老乡们碾谷子的石磨。学校里这么热闹的场面，邻居调皮的孩子肯定是不愿意错过的，他们三两个相互踩着肩膀，向院墙里探望。农忙归来的汉子，坐在打谷场的边上乘凉，一边“吧嗒吧嗒”地抽着旱烟，一边侧着耳朵在听学校的话剧表演，旁边的大树下坐着几个妇女纳着鞋底儿，拉着家常。这是多么和谐的画面呀，有学者评论称，这是一种在世界范围内都独一无二的办学模式，从人民中来，为人民利益而战，在窑洞中办学，始终与人民紧密联系在一起。

那年时光，炮火中的青春角色

条件再简陋，青春也不能简陋，年轻人都能在简单中找到生活的乐趣，即使没有智能手机、平板电脑，他们也会创造属于青春的记忆。戏剧和话剧是最常用的表现形式。翻开残缺不全的抗大史料，透过泛黄纸张上的繁体竖版文字，一幅幅鲜活的画面从纸上浮现出来。

背包做凳，腿面做桌，一天只有两餐，吸烟的同学没有钱，棉花叶、地瓜叶就成了代替烟叶的“抢手货”。即使如此，他们对精神生活的要求并不会将就，他们爱看话剧，也会自己编排话剧，为了一个剧能达到最好的效果，他们有时候甚至会自己掏腰包购买必要的装置。演出之后，自我检讨是常有的环节，主要为收集观众的批评意见和演员导演提出的优缺点总结，甚至还会在大队间举行竞赛“PK”演技。如果用八个字来概括的话，那就是：永远不满，永远前进。

当然，追溯历史，不可能抛开那个战乱的时代背景，意外总是来得猝不及防。1941 年夏天的一个晚上，抗大一分校的师生正在莒南县西岭泉观看话剧《李秀成之死》，舞台上演员们正热火朝天地表演着。还未等到演出谢幕，“起立、背背包、向后转、跑步走”的口令就在人群中响起。按照平时训练的要求，如果遇到敌情，全队只有 3 分钟。短短几分钟，队伍迅速完成集结，几乎是条件反射式地完成规定的指令，在教导员的带领下，台上的演员和观众们一道，一口气跑到了二十里外的树林中。

这时候大家才知道，在大店地区发现敌情，敌军正在围攻我军驻守大店的部队。队伍中一个年轻的战士后来回忆，他迅速检查武器装备，又接连行军二十多里，子弹的“嗖嗖”声就在他的耳边乱飞。刚参加过军事课的他，容不得他多想就投入了战斗当中。

一场好好的话剧被突然的任务“搅和”了，但军令面前没人抱怨，这是时代赋予他们的青春所必须承担的责任。而祖国的强大让今天的青年不再会因为战争而四处奔走。

由于历史的原因，抗大学子曾经编排的剧目，大多已无法查找。透过一些简单的文字记录，多少还能感受到他们的青春与活力，那是他们那一代人的“大学时光”。

一年或两年之后，他们就要扛起步枪，冲向战争的前线，对有些人来说，这可能是他们一生中第一部没有彩排、不会谢幕的演出，他们此时的角色叫“民族英雄”。

⊙ 刘一君

马背上的“抗大”文工团

“从1939年相识到现在已是62个年头了，我们从当年的热血少年，已成为耄耋老人。你已80岁，我也78岁了。”

“抗大一分校文工团从成立到现在，我们俩是六十多年一直坚守在戏剧舞台上的幸存者了。”

以上是两位抗大文工团戏剧老人，阮若珊和王杰在2001年的一段对话。当年舞台上帅气的“奶油小生”，在风雨雕刻下成为生活大舞台的“老生”。他们的喉管似乎被时光“扼住”，再也唱不出曲调的悠扬婉转，但每当谈起那段峥嵘岁月，两位老人依然充满激情，仿佛又回到了马背上驰骋、打谷场上演戏的年代。

戏剧老人，朝花夕拾的记忆

抗大文工团成立于1938年12月，是为了配合当时国内高涨的抗日形势，由抗日军政大学师生组织的宣传队伍。学员和演员的双重身份属性，让这些文艺战士一手拿笔、一手握枪。笔底文字唤起民族奋战热情，枪中子弹带给敌人致命一击。

在王杰的记忆中，文工团的战士既要负责好节目排演，又要在紧张的战斗环境下，担负起通讯和侦察等任务。甚至有的人还会以纠察员的名义到战斗的最前线对敌“火线喊话”。

这样看来，演戏成了文工团的“副业”，但这丝毫不影响演出的效果。队伍转战各地期间，同志们不拘一格，就地取材，收集当地的小调、民俗节目，适当改编之后，就成了宣传抗日思想的“样板戏”。

踩高跷、跑旱船、耍龙灯、打腰鼓、扭秧歌、民乐吹打、曲艺说唱等多种民间艺术形式都被文工团吸收。阮若珊和王杰那时正值青春，两位年轻人在《亲家母顶嘴》这部戏中，平日里的战友，扮成了亲家母和儿子。

也许是入戏太深，阮若珊双手在空中有节奏地抡着，做出骑驴的动作，王杰则在后面挥着鞭子赶驴，在观众的眼前仿佛真出现了亲家母骑着驴与儿子顶嘴的画面，唱词通俗，动作滑稽，观众都笑出了眼泪。很难想象，这些演员中的很多人其实是刚刚从战场上执行完任务回来的。

艺术不分庙堂和民间，曾经有一个名叫苏伟的同志把“花棍”打到解放了的大上海的南京路上。特定的历史背景下，这些节目也就成了军民鱼水情的见证。

但是，战场上的荷枪实弹并不像舞台上的武打戏，稍不留神就会失去生命。阮若珊老人一直收藏着一张拍摄于 1940 年春天的照片，老照片上人物的轮廓已经发黄模糊，可她还记着每一个人的名字。

当然，她更忘不了，照片里有一多半的战友把青春永远留在了战场上。

行军路上，留给敌人一双“破草鞋”

1939 年 7 月，此时距抗大三周年校庆刚刚结束还不到一个月，全体师生就奉党中央的命令挺进敌后，再次转移到晋东南十八集团军总部所在地附近安排校址。无奈一路上敌人四处围堵，原定的行军线路不得已随时调整。

一路上，文工团的同志们最为忙碌。肩上扛着步枪，手里提着标语桶，将革命的思想传播到走过的每一个地方。爬山是最耗费体力的，文工团的锣鼓手却早早爬上山头，敲锣打鼓，唱歌打气喊号子。而到了晚上，他们还要为驻地的老百姓表演抗日文艺节目。

灵活机动的行军安排，让敌人一次次扑空。在距离同蒲路二三十公里的地方，大家开始跑步行进，穿过铁路后，又一口气走出了六十多里。终于年轻的学员在首长的带领下于黎明前抵达太原市系舟山。

东方欲晓，站在山上的战友们看着晨光逐渐撑开地平线上的黑暗，太原市区的灯火开始变得摇曳模糊。大家身上的疲惫被盛夏清晨的微风拂去，这是对胜利之师最好的嘉奖。

号称不可逾越的敌军封锁线被抗大师生甩在身后，气急败坏的日军派遣了八架飞机在舟山附近盘旋，结果什么都没发现。而他们唯一算得上收获的东西，就是战士们遗留在同蒲路上的一只破草鞋。

而这只破草鞋因为特殊的功劳被写进剧本，请上舞台，摇身一变，一度成为抗日舞台上的“主角”。

鞋子在那个物资贫乏的年代，经常成为戏剧、话剧中的表现元素。“破草鞋”故事发生的两年前，同样有一个故事有鞋的参与。

故事很简单。1938 年春节，两个在战火中流离失所的儿童，把千辛万苦积攒乞讨来的钱，全部捐给了抗日战士，让他们去“打鬼子，杀敌人”，被尘土抹花的小脸蛋表情坚定而决然。

幕布一换，舞台上又出现一个穿着讲究的小孩，正趁着春节吵着闹着向家长索要压岁钱，要穿新鞋、新衣服。孩子的父亲就给他讲了两个乞讨儿童为抗日捐款的事迹，当他在为一双新鞋、一件新衣服纠缠父母的时候，那两个小孩可能正光着脚在大街上乞讨。

在同龄人的感召下，富家小孩意识到了自己的错误，踩着糖锣的节奏，唱出了“1938，1938，为抗战，为大家……”的歌声，帷幕落下，掌声四起。简单的情节，通过文工团文艺战士的演绎，活现出无数个为民族独立无私奉献的中国人的身影。

抗大文工团成了当时社会敏感的神经，他们把目之所及，情之所感融汇到剧本中，通过嬉笑怒骂的表演鼓舞人心、发动群众，形成了一股强大的合力，这种合力源自最广大的人民群众，直指罪恶的敌人。

摇晃在马背上的时光

蒙古族被称为“马背上的民族”，是指他们会根据牧草长势的季节变化，逐水草迁徙。抗战期间的抗大师生，在敌人的重重“围剿”之下，不断搬迁校址、开设分校，度过了马背上摇摇晃晃的时光。也正是在这一次次辗转途中，练就了抗大学子坚韧不拔、英勇顽强的意志。

1940 年 2 月，抗大总校再次启程，向十八集团军总部所在地晋冀鲁豫边区挺进。春寒料峭的时节，队伍如长龙般在冰天雪地中蜿蜒，向残酷的环境宣战。据说当时，文工团的吕班同志背着的吉他和勤务员背的煤油桶做的菜桶，不时会随着主人的摔倒，发出叮叮当当的声音，成为一段别样的回忆。

等到了 5 月份，抗大师生已经驻扎到了山西吕梁的牛家岭抗日根据地，那正是青黄不接的时候。全体师生自力更生到山上采摘野菜下饭。说是下饭，可现实情况是常常没有饭食可下。

当地老乡的境况并不比学校要好，师生们只得自己筹钱，到四五十里外的山西和顺县背粮。当然，文工团的同志也不例外，甚至不分男女，都要参与，以至大家自觉开展了背粮竞赛，被单、裤腿都成了背粮绝佳的口袋。

背的粮食要一斤不少，节目排练也丝毫不能耽误，这是团里不成文的规定。于是，就有团员找来一块小木板，抹上锅底灰，系上绳子以后就是一个可随身携带的“小黑板”，别看这板子其貌不扬，它在运粮的时候可帮了团员们的大忙。

运粮道路，大多是狭窄逼仄的羊场小道，战友们只能一字排开前进，这时就轮到小黑板大显身手了。聪明的战士把写着自己演出剧目提纲的牌子挂在前人的背上，自己的背上也挂着后面人的提纲，大家边走边看，边看边背，同时也在心里打着腹稿，认真打磨节目中的每一个细节，休息的时候才拿出铅笔头在草纸上写下思谋已久的剧情。

嘴上说是竞赛，其实大家都知道，每一次外出都是与死神打赌。文工团指导员、副支部书记孔敏同志就牺牲在敌占区筹粮、扩兵的途中。可是，这些困境只会激发文艺战士的创作激情，大家忍住痛苦，握紧笔杆，在汽油灯下度过了一个又一个夜晚，用话剧等形式寄托哀思，为死者壮行。

当年的条件不比现在，甚至连化妆油都得姑娘们自己做，但是制作化妆油的凡士林因日军的经济封锁断了来源，文工团的姑娘们经过多次试验，创造性地发现猪油可以熬制油彩。为了演出的效果，他们把贵重的猪油省下来，饭菜就只能将就成清水煮萝卜，可能是为了掩饰这过分的清淡，才在上面象征性地漂了几点油花儿。

同样，麻纸也替代了卸妆专用的纸张，粗糙的纸上还带着坚硬的植物纤维，从脸上擦过之后，划出红印算是比较幸运的，因为常有人不小心蹭破皮肤。但简单的化妆涂抹，就可以区分出角色的不同，也为那段苍白的历史增添了几分色彩。

当然，克服化妆问题只是文工团姑娘们的一次小小练手，用汽油灯做出舞台上顶光、天幕灯光和侧光那才是文工团的“绝活”。演出时挂上幕布，加上彩色照明，绚丽的效果丝毫不输于城里的影剧院。

同时，他们还有一套完整的演出规划，搭台只需四十五分钟，拆卸后两个驮子就能驮走，因在演出的过程中突遇敌情转移是常有的事。马背上的驮子有节奏地晃悠，演员们也在翻山越岭中对着台词。

现在有关抗大文工团细节的资料比较少见，但只要翻开任何一本有关抗大历史的册子，字里行间都会看到这些文艺战士的身影，以至于日军惊叹他们是“文化八路”。日常训练中，他们和其他战友没什么不同，要说不一样，可能就是他们抹上油彩，在舞台上演绎歌舞的时候。

不得不说，那个时代也是“摇晃不安”的，抗大师生在这种动荡的“噪声”里找到了适合中国革命振动的频率，为民族救亡事业奔走呼声。美国著名记者埃德加·斯诺在《西行漫记》一书中说：“这种‘高等学府’，全世界恐怕就只有这么一家。”

正是这样一个扎根在贫瘠的黄土地上的学校，孕育出了中国革命的希望。从 1937 年 7 月到 1939 年 6 月，先后有 15000 多名有志青年冲破日寇和国民党顽固派的层层封锁，奔赴延安抗大学习。没错，“抗大没有考试，通过敌人的封锁线到延安来，这就是最好的考试！”

⊙ 刘一君

风华正茂的青年

他们或是奔走在连队文艺晚会的后台，或是伏案于剧目作品的创作，或是深情地沉浸在革命诗歌的朗诵，抑或是昂扬地高歌于硝烟弥漫的战壕。在那段峥嵘岁月里，他们为历史的斗争、革命的胜利、文艺的萌芽洒出热血和激情。这些才华横溢的文艺兵，用艺术和文学在战线后方筑起精神高墙，不断用音乐、戏剧、文字等形式，激励所有战士在烽火中壮志酬筹，冲锋向前。他们的脚步遍布祖国山河，他们的作品都影射着抗大的精神和信念，他们的经历都映射着那个时代年轻人保家卫国的故事，他们是党的儿女，是中华民族的文艺先锋！

胡石言：从抗大走出来的文艺兵

1942年12月，党中央厉行精兵简政。一个穿着破旧满脸稚嫩的小伙子，背着仅有的几件行囊，从抗日军政大学第九分校政治队提前结业，徒步二三百里，走进了新四军一师三旅七团一营一连的连部，成为一名文化教员。他就是胡石言。

胡石言所在的7团因为英勇善战，被称为“老虎团”。“老虎团”在此次精兵简政中收入了诸多优秀的文艺青年。他们同胡石言一起在战线后方的文娱活动中发光发热。例如，同胡石言一起提前结业出来的尤明就是他在创作中的好伙伴，两个人曾经用半天的时间创作出了独幕报道剧《坚守亚历克塞》，这部自导自演的剧目在条件异常艰苦的情况下，只能用豆油灯和手电筒一起做“特写照明”。即便如此，这部剧在抗大文艺晚会上演出的过程中依旧赢得了满堂喝彩。

这些文艺兵不仅创作歌曲、剧目，甚至在需要时还要作为演员参与舞台表演。胡石言就在顾宝璋的《东进序曲》中扮演爱国参议员，此出剧目是1943年7团在南通骑岸镇过春节所举办的晚会中引起强烈反响的节目之一。春节时期，连队会同时举办墙报比赛与歌咏比赛，所以一台晚会要想办得红火，也是对文艺兵们的检阅。胡石言和他的战友们都拿出看家本领，不仅参与创作、编排，甚至不断作为“资深演员”出现于晚会中，这一台台精彩纷呈的演出让所有战士们都在战斗之余感受到了暖暖的温情。

胡石言同名小说改编的电影《柳堡的故事》剧照：二妹子（陶玉玲饰）和副班长（廖有梁饰）

文艺兵们在连队生活中是战士们精神食粮的供给者，大家都格外珍爱这些充满才华的年轻人。但刚开始，胡石言他们可是被战士们嫌弃了一番。胡石言刚到部队时，军帽顶磨穿了，久未修剪的短发像黑草簇起，军装的右肩被枪皮带磨破了一大块，没有布补，绿色的毛线衣露了出来，右脚有点跛，那是为了爱惜唯一的布鞋，赤脚过河被芦柴桩戳破的。他身上最见不得人的东西还在军衣里：毛线衣的每一个洞眼里恐怕都有一个白虱或虱卵。那时候，战士们称他们为“济公活佛”，于是帮他们擦、洗、补，全身装扮一新。但后来令战士们瞠目结舌的是，这些孩子们不仅一肚子“文化水”，还特别英勇团结，集合动作比战士都快，打仗不怕死，冲起来谁都拦不住。所以，文艺兵们可不仅仅是文艺宣传者，归根结底，他们也都是一个兵！

胡石言作为文艺工作者的一分子，是当时所有文艺兵的缩影。他们的文艺活动鼓舞了部队的士气，活跃了解放区的文艺事业。他们也在这样的环境中获得了真挚的战友情谊、生命源泉和革命感情的滋养。

孟昭兰：拂晓剧团里的"昭兰女"

1940年底，孟昭兰从新四军抗大四分校毕业，按照组织安排留校并被分配到抗大生活剧团工作。剧团在负责开展战地宣传、鼓动和发动群众进行支援前线工作外，还不断地将战场前线或后方所发生的诸多英雄事迹改编成文艺小节目，向人民群众和部队传播。直至1942年，根据斗争形势的发展需要，抗大生活剧团被并入新四军四师的拂晓剧团，孟昭兰也开始了在拂晓剧团的光辉岁月。

1941年11月，拂晓剧团在半城汇报演出。

拂晓剧团演出照

因此，为了能够更好地传播抗战精神与组织要求，同时也为了能够感召广大人民群众，齐心协力加入革命斗争中来，孟昭兰和她的战友们想尽办法编写剧目、编排节目，利用一切条件进行汇报演出。她们曾经编写过诸多街头剧，例如，《老三》《流寇队长》《良母劝女》等。孟昭兰还在《良母劝女》中扮演女儿"昭兰女"，这个角色在演出之时每次都博得观众的掌声，给人们留下了深刻的印象。时至今日，剧团的战友们再见面时仍戏称孟昭兰为"昭兰女"。

但战地的条件艰苦，想要组织一场像模像样的演出无比困难。孟昭兰他们多数情况下都是在临时搭建的土台子上进行演出，台子后边用席子围起来，简单地在两边挂上布，台前放两盆食用油，盆里放几根线绳或棉花条当作灯芯，就算是“舞台光”了。服装道具都是向老乡们借来的，演出时也没有扩音器和喇叭，只能靠扯着嗓子大声喊，大声唱。有几次还遇到了节目将要开演，或者正在演出时，突然发现敌情的情况，孟昭兰和战友们便马上投入迎战准备。所以孟昭兰说，“拂晓剧团每日都是在战斗中宣传，在宣传时战斗”。

拂晓剧团革命斗争的精神在无形中深深影响着孟昭兰。她后来即使离开了拂晓剧团，也仍旧无比热爱文艺，热爱祖国，热爱党。孟昭兰说，她愿意战斗在党的文艺战线上，为党做出更多、更大的贡献，永远炽热放光。

宋玉芬：永远前行的文艺战士

“在抗日战争中，我是个普通的小兵、文艺战士，是在党的怀抱里成长起来的。我不是战斗英雄，也没有什么突出贡献，做了一些工作，也是我应尽的责任，是党对我培养的结果。”回忆起往昔峥嵘岁月，清华大学离休干部宋玉芬如是说道。

1940 年，宋玉芬被分配到西北战地服务团儿童演剧队工作，成为一名文艺战士。在儿童演剧队的主要任务是通过文艺宣传把边区儿童动员组织起来，参加抗日工作。写诗、作画、唱歌、跳舞、刷大标语、撒传单，除了这些抗日宣传工作，她还参加了不少儿童歌剧的演出。

1941 年 2 月 16 日，宋玉芬写的《亲生之母》一文发表在《晋察冀日报》文艺副刊上，1941 年 2 月 12 日，她的《婚姻自由》刊发在西战团创作出版的《歌创造》第二十一期上，这是一首歌词，后由顾品祥进行了编曲。革命的文艺被宋玉芬转化为战斗的武器，正如毛主席说的，革命的文艺是团结人民、教育人民、打击敌人、消灭敌人的有力武器。

1943 年 8 月，宋玉芬接到命令，背上了行囊奔赴抗大七分校文艺工作队，再一次回到了文艺宣传工作战线。在这个时期，抗大七分校文工队并非全脱产专门搞文艺工作，在整风和大生产运动中，他们也承担着一定的生产任务。男同学主要是挖窑洞、开荒地、上山烧木炭等，女同学则是纺线、纺毛线。“我们文工队的女同志在窑洞里把纺车排成行，当我们纺线熟练以后可以边纺线边唱歌。”在劳作的同时进行文艺的创作，用欢愉的音符洗刷劳累与疲乏，文艺工作队始终以饱满的激情和活力奋战在革命的时时刻刻。

在完成生产任务的同时，文艺宣传工作任务也必须齐头并进。宋玉芬所在的文工队为全校师生创作并表演了许多节目，如秧歌剧《上天堂》(宋玉芬饰演边区的老太太)、《牛永贵负伤》(宋玉芬饰演永贵之妻)，话剧《把眼光放远一点》(宋玉芬饰演老二妻)。

1945年8月10日，日本向盟国宣布无条件投降；8月11日，宋玉芬在日记中写下了这样一段话：“一阵热烈的狂笑，一阵兴奋过度的眼泪，一阵撕破嗓子的喊叫，一阵动天的掌声。”恰如观看着剧目的观众们，这一次宋玉芬也终于置换身份，坐在台下为这一场得之不易的胜利而欢呼喝彩。

宋玉芬回顾起作为一名文艺战士的过往，虽未奔赴前线，但她以笔杆和文艺的力量亦建立起不朽的革命理想，这份理想如生生不息的火把照亮了她“不断前行”的坚毅与信念。1954年，她考入清华大学机械专业，毕业后留校工作，1987年离休后始终秉怀着“为党和人们服务”的精神，保持党性、关心他人、奉献自我、服务大众，牢记着与时俱进，永远不忘回报党的恩情。

一群满腔热血风华正茂的年轻人在最美好的年纪走进抗大，献身于祖国与人民，献身于革命与战争，献身于歌舞与青春。这些被日军惊叹为“文化八路”的英雄战士们，以笔墨作为武器，用歌舞传递能量，发射着如机枪、弹药一般的威力，有力地配合着抗日前线斗争，是抗战过程中强大的精神支撑力量。文字宣传工作者们及时有效地传播了党中央的声音，身兼党之喉舌的责任，心怀启发民智理想，团结民众引领正确方向；歌舞文艺工作者们大力推动了抗敌宣传工作的开展，与人民群众结下深厚情谊，不断唤醒和鼓舞着群众的信念与斗志。

在这段艰苦卓绝、顽强战斗的峥嵘岁月中进行文艺工作，必然要以战斗部队的姿态，克服重重困难与阻挠，完成各项编演任务。这些文艺工作者是革命时期不朽的精神引领者，是冲锋号角的奏响者，他们身上的精神也就是我们理应弘扬、传承的伟大抗战精神。

⊙ 周靖然　张成妍

参考文献

[1] 苏振兰. 抗大女生队的战斗生活[J]. 党史纵览，2015（05）：53-56；2015（06）：20-22.

[2] 苏振兰. 延安抗大的女生队[J]. 党史纵横，2015（05）：51-52.

[3] 杜维泽. 延安时期学生群体日常生活研究[D]. 延安大学，2010.

[4] 刘晓丽. 延安文学女性形象研究[D]. 辽宁大学，2015.

[5] 抗大校史资料《抗大动态》.

[6] 魏维钧. 我在抗大七分校女生队[J]. 百年潮，2017（06）.

[7] 苏振兰. 延安抗大的女生队[J]. 党史纵横，2015（05）.

[8] 抗日战争纪念网：http://www.krzzjn.com/html/6712.html.

[9] 赵学勇. 天地之宽与女性解放——延安女作家群述论[J]. 中国社会科学，2013（07）：162-180+208.

[10] 周艳丽. 延安文学中女性意识的遮蔽[J]. 山东大学学报（哲学社会科学版），2009（05）：118-122.

[11] 抗日战争纪念网：http://www.krzzjn.com/html/6712.html.

[12] 程纪元. 母亲的抗大生活[J]. 档案春秋，2017（10）.

[13] 金一南. 抗大造就了我的母亲[J]. 新湘评论，2016（10）.

[14] 牛克伦. 抗大救亡室追忆[J]. 纵横. 1995.

[15] 杨尚军. 抗大之黎城记忆[J]. 红太行博客. 2014.

[16] 周来聚. 陈嘉庚在延安的七天八夜[J]. 福建日报. 2018.

[17] 纪录片《抗大，抗大！》.

[18] 湖北卫视纪录片《大揭秘：抗大传奇》. https://www.iqiyi.com/v_19rrc0jz1k.html.

［19］　抗大校史资料《抗大动态》.

［20］　苏振华在抗日军政大学的烽火岁月.［G］湘籍将帅 . 2010. 08.

［21］　上海档案信息网 .

［22］　《政协天地》2013 年 12 期 .

［23］　黄薇 .《风雨人生》.

［24］　《党建》杂志 .

［25］　王麦林，何理良 .《延河畔的外文学子们北京》: 外语教学与研究出版社 .

［26］　北外校史馆: https://v.youku.com/v_show/id_XMzY3NjkxODgw.html?refer=seo_operation.liuxiao.liux_00003308_3000_YvmIba_19042900.

［27］　孙国林. 抗日战争中的延安文艺［J］. 文史精华，2005（S1）: 55–57.

［28］　爱奇艺视频. 抗战历史公开课 – 抗日军政大学. http://baidu.iqiyi.com/watch/3880730403365884920.html?page=videoMultiNeed.

［29］　琅琊新闻网. 抗大一分校在沂蒙: 红色革命大熔炉的峥嵘岁月. http://www.langya.cn/lyzt/jd90zn/tfhssd/201107/t20110703_60028_2.html.

［30］　阮若珊，王杰. 两个戏剧老人的闲话［J］. 中国戏剧. 2001.

［31］　李蒙. 太行山上的戏剧劲旅——忆抗日军政大学总校文艺工作团［J］. 戏曲艺术. 1982.

［32］　周来聚. 战斗在太行山上的抗大文工团［J］. 党史博采. 2015.

［33］　连衡. 在抗日救亡的旗帜下［J］. 大舞台. 1995.

［34］　石言 .“老虎团”的文化兵［A］. 铁流（29）［C］. 北京新四军暨华中抗日根据地研究会，2016 : 7.

［35］　孟昭兰 . 从抗大生活剧团到拂晓剧团［A］. 铁流（30）［C］. 北京新四军暨华中抗日根据地研究会，2016 : 9.

［36］　清华大学新闻中心：我的抗战经历 . https://www.tsinghua.edu.cn/publish/thunews/9785/2011/20110225231639062320252/20110225231639062320252_.html.

后　记

习近平总书记曾深刻指出，“历史是最好的教科书，中国革命史是最好的营养剂。”在新时代的长征路上，更应该“把红色资源利用好、把红色传统发扬好、把红色基因传承好”。这是对红色资源、红色文献进行开发、利用、传播的根本遵循。

而在新媒体时代，红色文化传播面临着很多挑战。一方面，年轻一代越来越依赖互联网获取信息，多元杂芜、泥沙俱下的信息洪流不断冲击着年轻人的头脑和思想；另一方面，传统媒体设置议题、引导舆论的能力受到新兴媒体前所未有的挤压。如何使红色文化传播适应时代变化和当代青年的认知规律是必须回答的课题。

工人出版社的同人们，以文化传播者的自觉和新时代思想战线宣传者的责任感，在加强社会主义精神文明建设，推动中华优秀传统文化创造性转化、创新性发展，不断提高人民思想觉悟、道德水平、文明素养等方面做了很多有益的建设性工作。2017 年出版的《我们的死者》作为本书的姊妹篇，以通俗易懂的语言讲述了先烈们尸骨铺就而成的革命血路，深入挖掘了老一辈共产党员为国家为民族而谋的探索、献身精神。本书也意在培植一片教育的园地，让新时代的青少年了解革命时期革命生活中的苦与乐、汗水与血水，慎终追远，照亮青年们继续前行之路。

需要说明的是，书中的图片来源非常复杂。各篇目的作者们仔细检索了和抗大相关的资料和网站（包括各地的英烈专门网站、文史资料网站、旅游政务网站、党政机构网站、官方媒体网站和相关新媒体平台），以及全国性的党史和英烈资料库，如新华网、琅琊新闻网、抗大陈列馆公众号、拂晓新闻网等，整理了一些和抗大相关的资料图片并引入相关篇目之中，才最终描摹了一幅抗大和抗大学员鲜活、灵动、多彩的历史印记。因很多图片或照片久经岁月，原始出处已难于追踪考证，编作者只能在此向原作者和保存资料的相关机构、个人表示由衷的敬意。如涉及图片、照片的版权问题或其他疏漏，请版权所有人与作者、编者或出版社联系。

感谢本书作者们的辛苦付出！感谢中国工人出版社和姚宁老师的支持！最后，向革命路上付出了青春乃至生命的先辈们表示最深切的敬意！

编　者

图书在版编目（CIP）数据

我们的青春／李文健主编. —北京：中国工人出版社，2019.9
ISBN 978-7-5008-7253-5

Ⅰ.①我… Ⅱ.①李… Ⅲ.①抗日军政大学—史料 Ⅳ.①E297.4

中国版本图书馆CIP数据核字（2019）第191904号

我们的青春

出 版 人	王娇萍
责任编辑	姚 宁
责任印制	黄 丽
出版发行	中国工人出版社
地 址	北京市东城区鼓楼外大街45号 邮编：100120
网 址	http://www.wp-china.com
电 话	（010）62005043（总编室） （010）62005039（印制管理中心） （010）62379038（社科文艺分社）
发行热线	（010）62005049 （010）62005042（传真）
经 销	各地书店
印 刷	北京美图印务有限公司
开 本	710毫米×1000毫米 1/16
印 张	10.75
字 数	160千字
版 次	2019年11月第1版 2019年11月第1次印刷
定 价	35.00元